100가지 과학 1,000가지 상식 ⑤
우주

100가지 과학 1,000가지 상식은
초등학생들의 상상력과 창의력을 존중하며
재미있고 환상적인 이야기로 여러분 곁에 늘 가까이 있겠습니다.
좋은 책을 읽는 것은 세상에서 가장 값진 보물을 갖는 것과 같습니다.

글 | 판도라
감수 | 김상호
그림 | 신경순
펴낸이 | 이재은
펴낸곳 | 세상모든책
기획·편집 | 조혜린, 송두나
디자인 | 황숙현
마케팅 | 이주은, 이은경
주소 | 서울시 광진구 자양동 680-77 모던빌딩 2층
전화 | 02-446-0561
팩스 | 02-446-0569
E-mail | everybk@hanmail.net
Homepage | www.ieverybook.com   www.세상모든책.kr
출판등록 | 1997.11.18. 제10-1511호
초판 1쇄 발행 | 2010년 11월 15일
초판 2쇄 발행 | 2012년 2월 28일

Copyright ⓒ 2010 세상모든책
이 책에 실린 글과 그림을 무단으로 복사, 복제, 배포하는 것은 저작권자의 권리를 침해하는 것입니다.
ISBN 978-89-5560-268-5 74400   ISBN 978-89-5560-199-2 74400 (세트)

*잘못 만들어진 책은 바꾸어 드립니다.

100가지 과학 1,000가지 상식 ⑤
우주

이 책을 내면서

무한한 우주만큼 인류의 호기심과 상상력을 자극하는 건 없는 것 같아요.

그래서 구름 한 점 없이 아주 맑은 날, 밤하늘의 별을 보면 아주 많은 궁금증이 생겨납니다.

"우주는 어떻게 태어났을까?"

"저 많은 별들은 어떻게 만들어졌고, 정말 외계인이 사는 별이 있을까?"

"우주선을 타면 별나라 여행을 할 수 있는 걸까?"

이외에도 아주 많은 궁금증을 여러분도 갖고 있을 거예요.

우주에 관한 호기심은 아주 옛날부터 이어져 왔어요. 옛사람들은 밤하늘을 바라보며 무한한 신비를 느꼈고, 태양과 달과 별이 도는 우주를 신의 세계라고 믿었지요. 그래서 하늘의 별을 보며 점을 치기도 하고 길을 찾기도 했습니다. 그리고 지구는 정지해 있고, 그 주위를 태양과 달을 비롯한 우주의 모든 전체가 돌고 있다고 믿은 적도 있고요.

하지만 지구가 자전하기 때문에 태양과 달과 별들이 도는 것처럼 보인다는 사실을 이제는 어린이 여러분도 잘 알고 있을 텐데요. 이런 사실이 밝혀진 것은 불과 수백 년 전에 불과하답니다.

게다가 우주 전체가 팽창한다는 사실이 밝혀진 것도 백 년이

채 안됐고 말이죠.

  인류가 최초로 우주에 첫발을 내딛은 것은, 1969년 미국의 유인 우주선 아폴로 11호가 달 착륙에 성공하면서부터예요. 이후로 우주 개발은 눈부시게 발전해 수많은 인공위성을 우주에 쏘아 올리고 있고, 무인 탐사선을 우주에 보내 우주 정거장까지 만들게 되었답니다. 하지만 여전히 우주가 얼마나 큰지, 그리고 우주에 생명체가 살 수 있는지 없는지는 지금도 많은 과학자와 천문학자들이 계속해서 연구하고 있습니다. 우주에는 아직도 우리가 모르는 부분이 너무나 많기 때문이지요.

  인간을 우주에 가게끔 만든 원동력은, 바로 우주에 관한 무궁무진한 호기심에서 비롯된 게 아닌가 싶어요.

  태양계의 여러 행성들과 별자리는 물론이고, 우주 개발의 역사까지 우주에 관한 모든 상식을 담은 《100가지 과학 1,000가지 상식 – 우주》를 통해, 우주에 대한 호기심과 상상력이 더욱 커졌으면 좋겠습니다.

2010년 11월

판도라(신미경)

차례

우주의 탄생과 신비
001. 우주는 어떻게 탄생했나요? 14
002. 우리 은하는 얼마나 큰가요? 16
003. 우주의 중심은 어디인가요? 18
004. 우주는 어떤 물질로 이루어져 있나요? 20
005. 지금도 우주가 팽창하고 있나요? 22
006. 우주는 왜 검은색인가요? 24
007. 우주는 별로 가득 차 있나요? 26
008. 행성과 별(항성)의 차이는 뭔가요? 28
009. 소행성이란 무엇인가요? 30
010. 소행성과 지구가 충돌할 수도 있나요? 32
011. 공룡이 멸종된 것도 소행성 때문인가요? 34
012. 행성은 언제나 위성보다 큰가요? 36
013. 정말 외계인이 사는 별이 있나요? 38
014. 외계인은 정말 인간처럼 생겼나요? 40
015. 별은 어떻게 태어나나요? 42
016. 별도 죽나요? 44
017. 별마다 색이 다른가요? 46
018. 별의 밝기는 모두 같은가요? 48
019. 별은 정말 별(★) 모양인가요? 50
020. 방향을 알면 우주가 보이나요? 52
021. 대부분의 별은 우주에 홀로 떠 있나요? 54
022. 별은 왜 반짝거리나요? 56
023. 우리 눈에 보이는 별은 모두 존재하는 별인가요? 58
024. 블랙홀의 정체는 뭔가요? 60
025. 여름 밤하늘, 은하수가 가장 밝게 보이는 별자리는 무엇인가요? 62
026. 은하계란 무엇을 말하는 건가요? 64

027. 은하는 모두 모양이 똑같나요? 66
028. 퀘이사는 별인가요, 은하인가요? 68
029. 중력은 자연 세계에서 가장 강력한가요? 70
030. 달력이 우주 과학의 결정체인가요? 72

태양계 이야기

031. 태양계는 어떤 가족으로 이루어져 있나요? 76
032. 태양계 범위는 어디까지인가요? 78
033. 태양은 빅뱅 직후에 태어났나요? 80
034. 태양 에너지는 어디에서 생겨나나요? 82
035. 태양의 빛은 영원한가요? 84
036. 태양에서 나타나는 흑점은 뭔가요? 86
037. 햇빛은 하얀색인가요? 88
038. 낮에는 왜 별이 안 보이나요? 90
039. 태양은 은하계의 중심에 있나요? 92
040. 태양이 없어지면 어떻게 되나요? 94
041. 달의 크기와 거리는 어떻게 되나요? 96
042. 달에서는 인간이 살 수 없나요? 98
043. 달 표면에 보이는 사람 얼굴은 무엇인가요? 100
044. 일식과 월식은 왜 일어나나요? 102
045. 밀물과 썰물은 달 때문에 생기나요? 104
046. 정월 대보름에 뜨는 보름달이 달 중에서 제일 큰가요? 106
047. 달의 크레이터는 왜 생긴 건가요? 108
048. 태양계에서 수성이 일교차가 제일 큰가요? 110
049. 해와 달을 빼면 금성이 가장 밝나요? 112
050. 금성의 '태양면 효과'는 무엇을 말하는 건가요? 114
051. 화성을 왜 불의 별이라고 부르나요? 116

052. 태양계 중에서 제일 큰 행성이 목성인가요? 118
053. 갈릴레오 위성이란 어떤 건가요? 120
054. 목성에는 우주선 착륙이 불가능한가요? 122
055. 토성과 목성은 닮은 점이 많은가요? 124
056. 토성의 고리는 어떻게 해서 생겨났나요? 126
057. 천왕성은 누워서 도나요? 128
058. 해왕성은 관찰하기가 어렵나요? 130
059. 명왕성은 정말 행성이 맞나요? 132
060. 태양계에서 아직 발견되지 않은 행성도 있나요? 134
061. 목성형 행성과 지구형 행성은 어떻게 다른가요? 136
062. 태양은 왜 동쪽에서 떠서 서쪽으로 지나요? 138
063. 행성은 어떻게 발견됐나요? 140

별의 도시, 은하계

064. 별들에게도 각자의 이름이 있나요? 144
065. 나도 별의 이름을 지을 수 있나요? 146
066. 큰곰자리 별들은 어떻게 찾을 수 있나요? 148
067. 북극성은 어떻게 찾을 수 있나요? 150
068. 사자자리는 봄의 별자리인가요? 152
069. 백조자리는 어떤 별로 이루어져 있나요? 154
070. 가을밤 하늘에서 가장 눈에 잘 띄는 별자리는 뭔가요? 156
071. 오리온자리는 어떤 계절에 잘 보이나요? 158
072. 점성술에 나오는 별자리는 실제 존재하나요? 160
073. 혜성은 어떤 천체인가요? 162
074. 혜성의 꼬리는 왜 생기는 건가요? 164
075. 별똥별의 정체는 뭔가요? 166

우주 관찰

076. 천문학의 아버지라 불리는 사람은 누군가요? 170
077. 망원경을 최초로 발명한 사람은 누군가요? 172
078. 달의 분화구를 최초로 발견한 사람은 누군가요? 174
079. 배율이 높은 망원경이 좋은 망원경인가요? 176
080. 우리가 직접 관측할 수 있는 천체는 어디까지인가요? 178
081. 사진 관측을 하려면 어떤 준비물이 필요한가요? 180
082. 우리나라 사람들은 언제부터 우주를 관측했나요? 182
083. 별을 관측하기 좋은 곳은 어디인가요? 184

우주 탐험

084. 본격적인 우주 탐사는 언제부터 시작됐나요? 188
085. 우주여행을 하는 데 돈이 많이 드나요? 190
086. 우주인은 어떻게 뽑나요? 192
087. 한국 최초의 우주인은 누구인가요? 194
088. 한국 최초의 우주인이 우주에서 실시한 임무는 무엇이었나요? 196
089. 우주에선 정말 모든 것이 둥둥 떠다니나요? 198
090. 우주에서는 어떤 옷을 입나요? 200
091. 우주선은 어디서 발사되나요? 202
092. 우주선 발사 때 날씨가 중요한가요? 204
093. 우주 정거장에서는 어떤 일을 하나요? 206
094. 인공위성은 우주에서 어떤 역할을 하나요? 208
095. 인공 달을 만들 수도 있나요? 210
096. 화성을 제2의 지구로 만들 수 있나요? 212
097. 비행기는 왜 우주에 못 가나요? 214
098. 우주여행을 가장 먼저 한 생물은 무엇인가요? 216
099. 우주에도 소유권이 있나요? 218
100. 우주 공간에도 쓰레기가 있나요? 220

제1장
우주의 탄생과 신비

　'하늘에 떠 있는 별들은 누가 만들었을까?', '은하수는 또 어떻게 만들어졌을까?'
　여러분도 이런 궁금증을 가져 본 적이 있을 거예요. 그런데 이 의문은 인류가 오래전부터 고민해 왔던 문제랍니다.
　이 문제에 과학적인 설명이 시작된 것은 20세기에 빅뱅 이론이 등장하면서부터예요.

　우주는 어떻게 탄생했나요? 중에서

우주는 어떻게 탄생했나요?

'하늘에 떠 있는 별들은 누가 만들었을까?', '은하수는 또 어떻게 만들어졌을까?'

여러분도 이런 궁금증을 가져 본 적이 있을 거예요. 그런데 이 의문은 인류가 오래전부터 고민해 온 문제랍니다.

이 문제에 과학적인 설명이 시작된 것은 20세기에 빅뱅 이론이 등장하면서부터예요. 빅뱅 이론은 대폭발에 의해 우주가 탄생했다는 학설인데 '대폭발설'이라고도 부르지요.

아득하고도 까마득하게 먼 옛날, 세상에는 아무 것도 없었어요. 매우 작고 단단한 점 하나만 있었는데, 이 점은 약 150억 년에서 200억 년 사이에 팽창하여 어마어마한 폭발을 일으켰어요. 그리고 이 폭발과 함께 우주가 태어난 것이지요.

빅뱅 이론은 1940년대에 가모(1904~1968)라는 천문학자에 의해 체계화되면서 오늘에 이르렀어요. 그리고 가장 근거 있는 우주의 탄생 이론으로 받아들여지고 있지요.

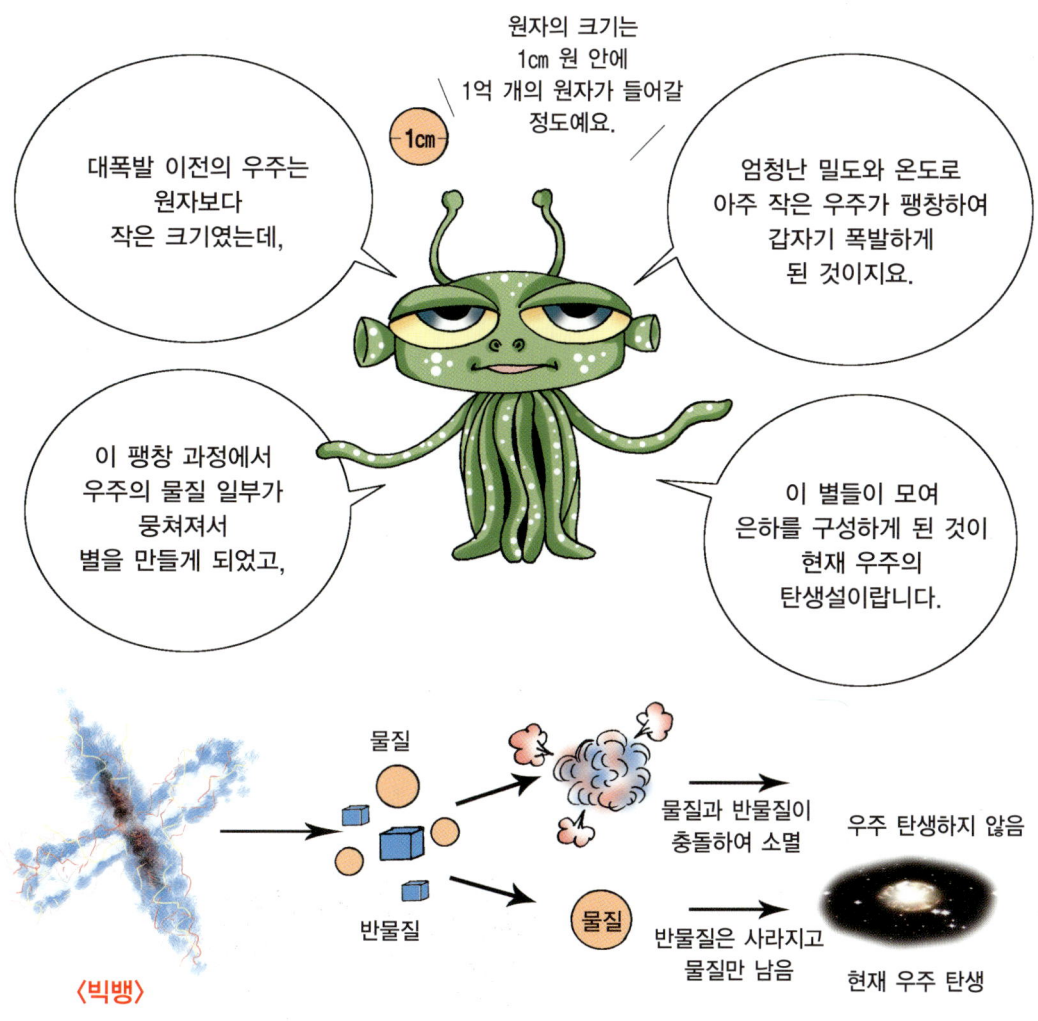

빅뱅 이론은 우주 탄생의 과정에 관한 이론이랍니다.

　한편 현재 과학자들은 지구도 이런 과정을 거쳐서 약 46억 년 전에 태어난 것으로 추측하고 있답니다.

우리 은하는 얼마나 큰가요?

　태양이 속해 있는 우주를 '우리 은하'라고 불러요. 우리 은하는 얇은 볼록 렌즈 모양의 공간에 약 4,000억 개의 별을 담아 놓은 어마어마하게 큰 물질의 집단이랍니다. 이 볼록 렌즈의 지름은 약 10만 광년이고 두께는 1만 5,000광년쯤 된다고 해요.

〈우리 은하를 위에서 본 모습〉　　〈우리 은하를 옆에서 본 모습〉

약 3만 광년

약 1만 5,000광년

약 10만 광년

1광년은 빛이 1년 동안 나아가는 거리예요.

◯〈실제 은하 사진〉

　우리 은하의 원반은 무서운 기세로 소용돌이치면서 회전하고 있어요. 가속도는 우리의 태양 부근에서 매초 220킬로미터이니, 음속(초당 340미터)의 약 650배나 되는 것이지요. 이 거대한 볼록 렌즈가 한 번 회전하는 데에는 약 2억 년이 걸린다고 하니, 우리 은하가 얼마나 큰지 짐작할 수 있겠지요?

　우리나라에서 우리 은하가 가장 아름답게 보이는 계절은 여름철이에요. 저녁 때 바람을 쐬러 푸른 들판이나 파도치는 바닷가를 거닐어 보세요. 그리고 하늘을 우러러보면 자잘한 별이 띠 모양으로 흐르는 것을 볼 수 있을 거예요.
　우리 은하를 옛날 중국에서는 은한, 또는 은하수라고 불렀어요. 서양에서는 기원전 4세기 경, 그리스의 데모크리토스(BC 460~BC 370)가 은하를 '굉장한 미광성의 일대 군단' 이라고 말했지요.
　그리고 망원경을 사용하여 은하수를 처음으로 증명한 사람이 바로 이탈리아의 천문학자인 갈릴레이(1564~1642)랍니다.

우주의 중심은 어디인가요?

태양계의 중심은 태양으로, 태양계의 행성들은 태양을 중심으로 공전하고 있어요. 은하계에도 중심이 있고 은하계의 별들은 그것을 가운데에 두고 공전하고 있죠. 그렇다면 우주에도 중심이 있지 않을까요? 있다면 어디일까요?

답을 먼저 말하자면, 우주의 중심은 찾을 수가 없어요. 왜냐하면 우주는 4차원의 공간이기 때문이지요. 4차원은 3차원 위에 시간의 축이 더해진 공간이에요. 3차원의 세계에 사는 우리는 4차원 속의 중심을 찾을 수가 없답니다.

더 알기 쉽도록 우주를 풍선의 표면이라고 생각해 볼까요? 그 풍선

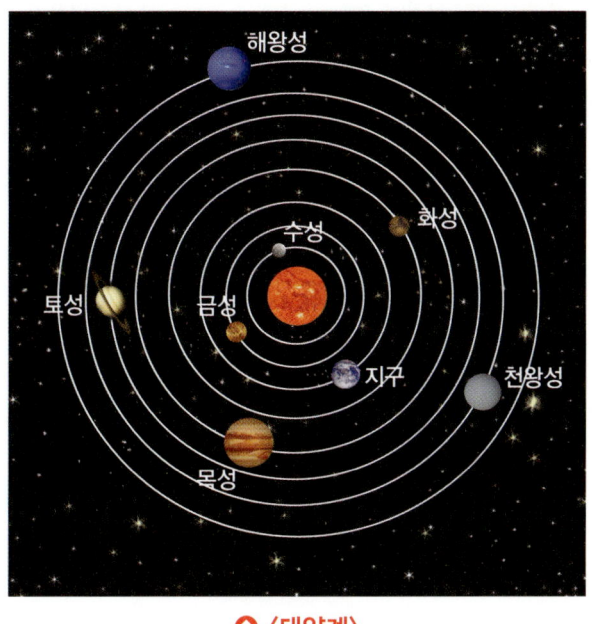

🔶 〈태양계〉

위에 몇 개의 점을 찍고 나서 이 풍선이 점점 커지고 있다고 생각해 보세요.

그렇게 하면 어느 점에서 보더라도 어느 방향으로든 동일하게 우주가 펼쳐져 있다는 것을 알 수 있을 거예요. 또한 풍선을 팽창시키면 점과 점 사이의 거리가 더 멀어져 가는 것을 관찰할 수 있을 거예요.

점과 점이 멀어져 가는 속도는 어느 점을 중심으로 생각하더라도, 다른 점과의 거리에 비례한 속도가 되겠지요. 결국 어느 점을 중심으로 생각해도 무방할 뿐 아니라, 또한 어느 점도 중심이라고 말할 수 없는 것이에요.

이처럼 팽창해 가는 풍선 위의 한 점, 이것이 바로 우리의 지구라고 볼 때, 지구에서 우주를 관측하면 마치 지구가 우주의 중심인 것처럼 보이겠지요. 하지만 이것은 우주의 어느 곳에서 있든 그렇게 보일 거예요. 그러니까 우주는 유한하지만 끝이 없는 것과 마찬가지로 우주에는 중심이 없다고 이해하면 좋겠어요.

우주는 어떤 물질로 이루어져 있나요?

우주는 무엇으로 이루어져 있을까요? 까만 우주 안에 어떤 물질이 있기에, 태양이 빛을 내고, 지구가 자전하는 걸까요? 혹시 우주에 우리가 모르는 비밀 물질이 숨어 있는 게 아닐까요?

우주는 적은 양의 '보통 물질'로 이루어져 있어요. 보통 물질은 지구와 태양을 만드는 원자와 분자로 이루어진 물질로 흔히 우리가 알고 있는 것을 말해요. 하지만 사실 우주에 있는 보통 물질은 그 양이 적은 편으로, 우주의 약 4% 정도만 차지한답니다.

한편 우주에는 약 23%를 차지하고 있는 중요한 구성 요소가 있어요. 바로 '암흑 물질'이에요.

〈30㎝ 플라스틱 자〉

물체 : 30㎝ 플라스틱 자
물질 : 플라스틱

물질이란 물체를 이루는 재료를 말하는데 일정한 공간을 점유하고 질량을 갖는 것을 의미해요.

우리 주위의 물체는 물질로 이루어져 있어요.

물질은 여러 상태로 존재할 수 있어요. 가장 일반적인 것은 고체, 액체, 기체 상태랍니다.

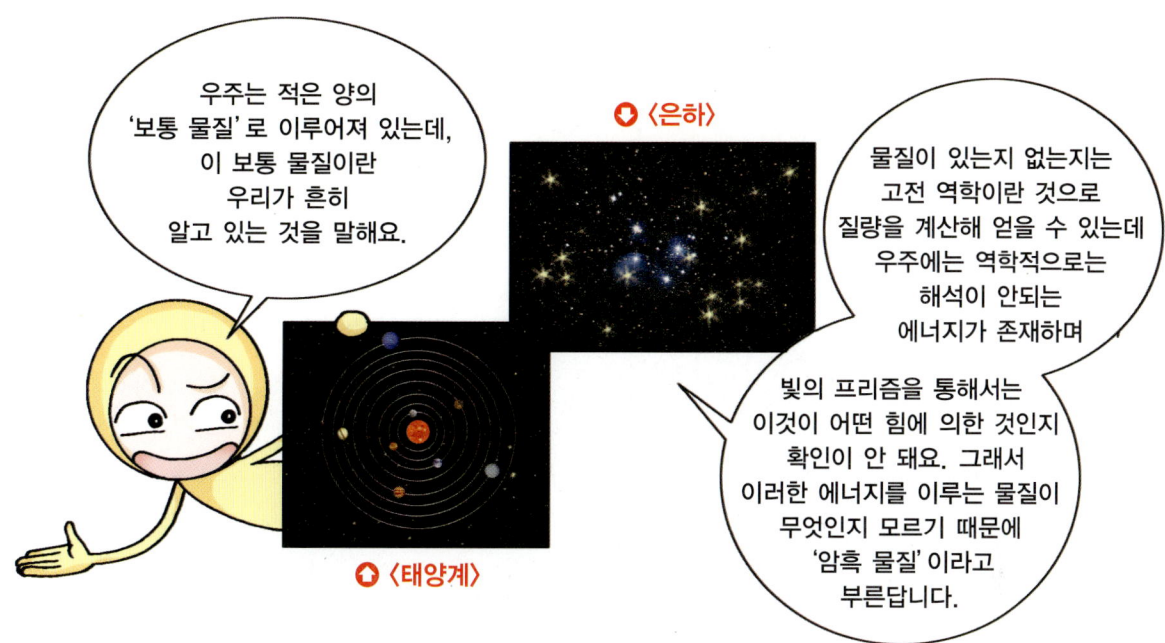

　이 물질은 무게만 있고, 눈에는 띄지 않아요. 그러나 이런 물질이 존재하는 것은 분명해요. 전문가들의 계산에 의하면 보통 물질의 인력만으로는 은하를 함께 묶어 둘 수 없기 때문이에요.

　그러므로 은하 사이에는 접착제 역할을 하는 암흑 물질이 있어야 한다는 것이지요.

　암흑 물질은 도대체 어떤 것이고, 무엇으로 이루어져 있는지 아직 아무도 몰라요. 단지 이 물질이 독특한 특성을 지니고 있고, 아직 발견되지 않은 소립자라는 추측만 할 뿐이에요.

　분명한 것은, 이런 물질 없이는 우리가 존재할 수 없다는 점이지요. 이런 물질 때문에 모든 별과 은하가 만들어졌으니까요.

지금도 우주가 팽창하고 있나요?

1929년 미국의 천문학자인 에드윈 허블(1889~1953)은 우리의 우주가 팽창하고 있다는 것을 발견했어요.

그는 1927년 당시, 세계 최대의 망원경이었던 천문대의 2.5미터 반사 망원경을 이용하여 우리 은하계 밖에 있는 은하를 연구하고 있었지요. 그러던 어느 날 허블은 은하에 대한 연구를 진행해 나가면서 재미있는 사실을 깨닫게 되었어요. 그것은 모든 은하가 우리로부터 자꾸자꾸 멀어진다는 사실이었지요.

은하가 우리로부터 멀어지고 있다는 것을 대체 어떻게 알 수 있었을까요?

우리가 선로 바로 옆에 서서 가까워지거나 멀어지는 열차의 기적 소리를 들었다고 가정해 봐요. 기적 소리는 열차가 멀어져 갈 때 낮은 소리로 들리고, 열차가 가까이 올 때 높은 소리로 들리지요.

그것이 바로 '도플러 효과'라는 현상이에요. 소리, 빛 등의 파장은 그것을 내뿜는 물체가 관측자에게 가까이 올 때에는 짧아지고(소리가 높아지고), 또 멀어질 때에는 길어진(소리가 낮아진)답니다.

허블은 은하를 관찰한 결과, 은하의 빛 파장이 길어진다는 것을 발견한 것이지요.

은하가 멀어진다는 건, 우주가 점점 커지고 있다는 뜻이기도 해요. 허블은 이외에도 은하의 모양과 크기를 알아내기도 했어요.

그래서 그의 업적을 높이 사서, 미국의 항공우주국에서는 우주 망원경을 쏘아 올릴 때 '허블 우주 망원경'이라는 이름을 붙이기도 했답니다.

> 도플러 효과는 1842년 오스트리아의 물리학자인 도플러(1803~1853)에 의해 발견되었어요. 소리를 내는 음원과 관측자의 상대적 운동에 따라 음파의 진동수가 다르게 관측되는 현상으로 은하나 질량이 있는 천체(우주)의 거리를 측정할 때 사용돼요.

우주는 왜 검은색인가요?

밤하늘을 올려다보면 반짝이는 별들 사이의 하늘이 칠흑처럼 어둡고 아무것도 없다고 생각하게 되는데요, 만일 태양계에서 멀리 떨어진 우주 공간에 간다고 하더라도 우주는 밤하늘과 마찬가지로 어두울 거예요. 대부분의 사람들이 '당연한 이야기 아니야?' 라고 생각하겠지만, 아주 오래전에 '우주가 어두운 게 좀 이상하다. 밤은 왜 어둡지?' 라고 궁금해하는 한 사람이 있었답니다.

1823년, 독일의 올버스(1758~1840)는 만일 별들이 태양과 마찬가지로 우주에 평균적으로 분포해 있고, 우주가 무한의 저편까지 이어져 있다면 밤하늘은 결코 어두울 리 없다고 주장했어요. 이것이 바로 올버스의 역설이랍니다.

지구를 중심으로 어느 정도의 거리에 공이 있다고 생각해 볼 때, 그 공 안에 있는 별 전체의 밝기를 지구 상에서 보면 어떤 일정한 밝기가 되겠지요? 그러면 그 공 바깥쪽에 포함된 별도 아까의 일정한 밝기가 되도록 구획을 지을 수가 있지요. 이렇게 해서 다시 구획의 바깥에 일정한 밝기가 되는 구획을 계속해서 만들어 나가면, 우주가

무한하게 계속되고 있다고 할 때 무한개의 구획을 만들 수가 있어요. 즉 밤하늘의 밝기는 무한의 밝기가 되는 것이지요. 물론 실제로는 별의 크기가 있기 때문에 어떤 별 뒤에 가려지는 별빛은 지상에 닿지 않아요. 거기서 마지막에는 태양으로 메워지게 되겠지요. 이때의 밤하늘의 밝기는 무려 태양의 2만 6천 배나 되는 거예요.

  하지만 실제로는 이럴 수 없답니다. 앞에서 1929년에 발견된 '우주 팽창'에 대해 얘기했었지요? 이에 따르면 일정한 우주일지라도 그것은 팽창하기 때문에, 아주 멀리서 태어난 별은 우리에게 보이지 않게 돼요. 아직 그 별의 빛이 지구에 도착하지 않았기 때문이지요. 그래서 지구에서 보이는 별은 한계가 있으며 밤하늘, 즉 우주는 어두운 것이랍니다.

우주는 별로 가득 차 있나요?

시골에서는 밤하늘에 촘촘히 박혀 있는 별들을 흔하게 볼 수 있어요. 반면 공해로 오염된 도시의 하늘에서는 많은 별을 볼 수 없지요. 그렇지만, 사실 밤하늘에는 헤아릴 수 없을 만큼 많은 별이 있답니다. 그런데 실제로 우주에는 별들이 얼마나 있을까요?

우주에 있는 별의 개수는 가히 천문학적이에요. 태양계가 속해 있는 우리 은하만 해도 1,000억에서 4,000억 개의 별들이 있다고 하니까요.

우리가 만약 '울트라 슈퍼 망원경'을 통해서 이 모든 별을 하나씩 들여다보는 데 1초씩을 사용한다 해도 6,000년 이상이 걸리게 된다는 것이지요. 게다가 보이지 않는 수많은 천체도 있답니다. 예를 들어 항성에 딸린 행성, 위성, 혜성 등과 그 외의 다른 작은 암석 덩어리, 가스 구름, 먼지구름 등이 그것이지요.

그리고 우리 은하뿐만 아니라 밖에 있는 외부 은하도 생각해야겠지

요. 어떤 은하에는 백배 이상의 별이 더 있어요. 망원경의 성능이 좋을수록, 더 멀리 보게 될수록 은하의 개수는 점점 더 증가하게 되지요. 그래서 천문학자들은 '약 5,000억 개 이상의 은하가 있을 것이다.'라는 추정도 하고 있어요.

이렇듯 우주에는 별뿐만이 아니라 다양한 요소들이 모여 우주를 구성하고 있답니다.

행성과 별(항성)의 차이는 뭔가요?

항성이란 핵융합 반응에 의해 스스로 빛을 내는 고온의 천체로, 대표적으로 태양을 들 수 있으며 마치 우주에서 움직이지 않는 것처럼 보여 항성이라 불립니다.

⬇ 〈항성의 대표 : 태양〉

대부분의 항성은 태양과 같이 열 핵융합 반응에 의해 스스로 에너지를 생성하여 빛을 발산하는 고온의 가스 덩어리예요.

'반짝반짝 작은 별~ 아름답게 비치네~.'

지구에서 볼 때 별(항성)은 반짝거리는 것처럼 보이지요? 그러나 행성은 우주에서 반짝거리지 않고 일정하게 빛나요. 이러한 겉모습 외에 행성과 별의 근본적인 차이점은 무엇일까요?

별은 그 자리에서 스스로 빛을 내는 천체랍니다. 이에 반해 행성은 별 주위의 궤도를 돌며 자전과 공전을 하는 어두운 천체예요. 그러면서 별빛을 반사해 빛을 내는 것이지요.

⬆ 〈행성의 대표 : 지구〉

행성이란 태양계 내에서 태양 주위를 공전하며 스스로는 에너지를 만들지 못하고 태양 빛을 반사하여 빛나는 천체를 말해요.

　우리가 밤하늘에서 보는 대부분의 별빛은 지구로부터 엄청나게 먼 곳에서 뜨겁게 불타오르고 있는 가스와 플라스마 덩어리예요. 이렇게 수많은 빛의 점을 '별'이라고 부르지만, 몇 개는 태양계 안에 있는 행성이랍니다.
　그중 5개, 수성, 금성, 화성, 목성, 토성은 먼 옛날부터 알려져 있었어요. 밤하늘에 고정되어 보이는 다른 별 사이로 이리저리 움직이며 다녔기 때문이랍니다. 그래서 태양과 달, 지구와 함께 이 다섯 행성은 역사 기록에 자주 나타나고, 먼 옛날부터 신화와 종교에서 중요한 역할을 담당했어요.
　그리고 나머지 행성은 오랫동안 발견되지 않았는데, 이 행성들은 너무나 멀리 있어서 맨눈으로 볼 수 없기 때문이었지요. 천왕성은 1781년에 발견되었고, 해왕성은 1846년에 발견되었어요.

소행성이란 무엇인가요?

소행성은 작은 행성으로, 운석보다는 크고 행성보다는 작으며 암석으로 이루어진 천체예요.

마틸데 가스프라 아이다

◐ 〈소행성들〉
소행성들은 주로 화성과 목성 사이에서 태양 둘레를 공전하고 있어요.

*천체 : 우주의 모든 행성, 은하, 성운, 성단 등을 통틀어 가리키는 말.

   소행성은 태양계가 만들어질 때의 초기 모습이나 행성의 진화를 설명할 수 있는 정보를 담고 있는 우주의 화석이랍니다. 태양계의 다른 천체는 이미 오랜 시간이 지나면서 많이 변했지만 소행성은 초기 모습을 그대로 간직하고 있거든요.

   대부분의 크고 작은 소행성은 화성과 목성의 사이에서 커다란 띠를 이루어 행성처럼 일정한 궤도를 따라 태양을 중심으로 돌고 있지요.

   소행성은 여러 개가 있지만 서로 빽빽하게 모여 있지는 않아요. 지름이 1킬로미터 정도 되는 소행성 간의 거리는 무려 수백만 킬로미터나 되니까요.

그러니 영화에서처럼 우주선이 커다란 소행성 사이를 비집고 곡예비행을 하는 장면은 사실 과장된 거랍니다.

화성 바깥으로 탐사를 떠난 우주선 보이저호나 갈릴레이호 등도 모두 별 탈 없이 소행성대(화성과 목성 사이의 공간에 존재하는 소행성들)를 지났거든요.

목성 궤도 위에는 2개의 소행성군이 있는데, 하나는 목성을 앞서 가고 다른 것은 뒤따라간답니다.

목성과 태양을 이어 정삼각형이 그려지는 곳에 두 소행성군이 자리 잡고 있어요. 이 소행성군에 속한 소행성은 그리스 신화의 '트로이 전쟁'에 나오는 영웅의 이름을 따서 불렀고 그래서 이 소행성군을 '트로이 소행성군'이라 불러요.

태양계 안에서 현재까지 발견된 소행성의 수는 약 3,000개 정도인데, 과학자들은 태양계 안에 수만 개의 소행성이 있을 것으로 추정하고 있어요.

소행성은 우리가 알고 있는 것처럼 크고 둥근 천체는 아니에요. 지금까지 확인된 소행성의 특징을 살펴보면 크기가 작고, 모양도 둥글지 않아요.

1898년, 독일의 천문학자 비트(1866~?)가 발견한 소행성 에로스는 평균 지름이 16킬로미터이며 불규칙한 모양을 하고 있어요.

평균 지름이 16킬로미터에 불과한 에로스가 지구 근접 소행성 중에 두 번째로 크다 하니 소행성들이 얼마나 작은지 알겠지요?

소행성과 지구가 충돌할 수도 있나요?

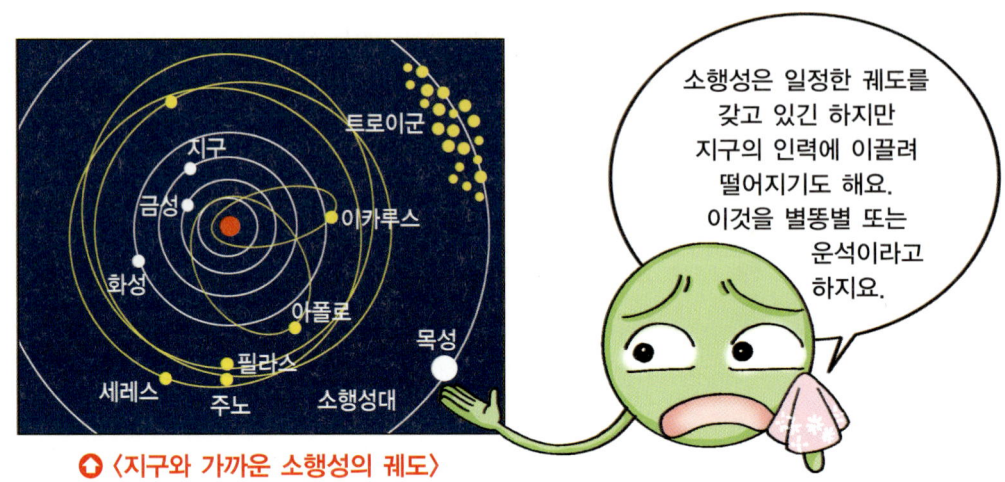

○ 〈지구와 가까운 소행성의 궤도〉

태양계 안에는 수만 개의 소행성이 있을 것으로 추측된답니다. 특히, 화성과 목성 사이에는 많은 소행성이 띠를 이루어 모여 있어요. 이런 소행성 중에는 지구에 가까이 접근하는 것도 있지요.

어떤 것들은 지구 궤도 안에 들어왔다가 지구의 인력에 끌려 떨어지기도 하는데 그것이 바로 별똥별이에요. 별똥별은 대부분 대기권을 지나면 타 버리지만 그중에 다 타지 않은 것이 땅 위로 떨어지기도 하지요. 이것이 바로 운석이랍니다.

별똥별이 빛을 내는 것은 대기권을 통과할 때 공기와 마찰해서 불이 붙기 때문이에요. 이것으로 지구 가까이에도 많은 소행성이 떠돌고 있다는 것을 짐작할 수 있어요. 물론 무작정 떠도는 것은 아니고 저마다 궤도가 있고, 그 궤도에 따라 태양을 공전하는 것이지요.

그렇다면 소행성은 지구와 충돌하지 않을까요?

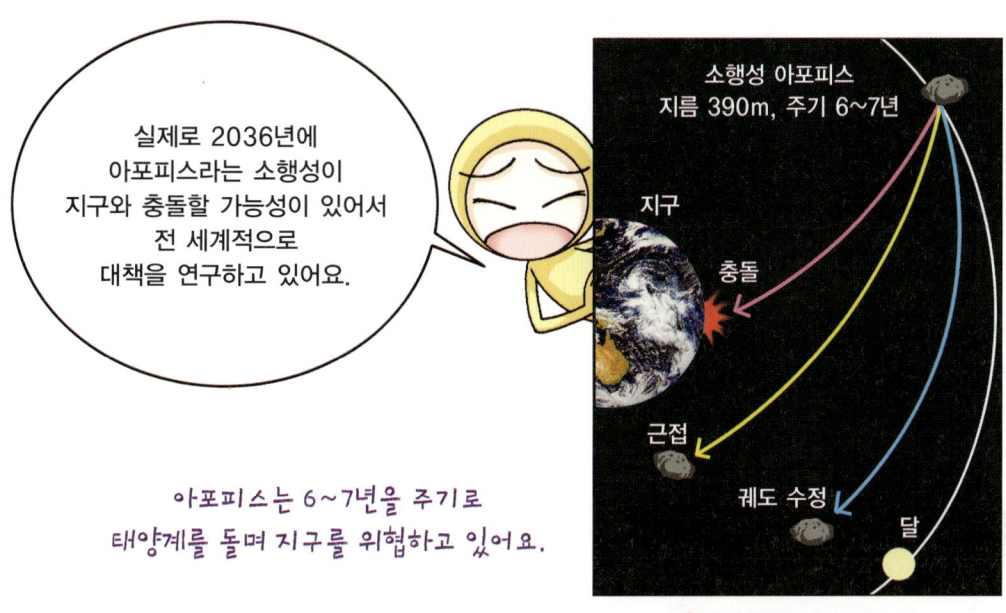

○ 〈소행성 아포피스의 2035~2036년 3가지 예상 진로〉

지금까지 과학자들은 지구 가까이 접근하는 소행성을 여러 개 발견했어요. 그 소행성은 주로 지름 1.2킬로미터 정도의 작은 것들이지요.

한 해 동안 지구를 스쳐 지나가는 소행성은 대략 50개 정도인데, 해마다 그 수가 늘어나고 있어요.

우주에서 천체들의 충돌은 얼마든지 있을 수 있어요. 과학자들은 아주 먼 옛날 지구가 다른 행성과 여러 번 충돌했을 것으로 추측하고 있는데, 그런 충돌의 증거가 실제로 여러 곳에서 나타난답니다.

지구와 달이 분리됐다는 주장에서도 그 이유를 다른 행성과의 충돌에 의한 것이라고 보고 있어요. 달에서 흔히 볼 수 있는 크레이터(행성, 위성 등의 표면에 보이는 움푹 파인 큰 구덩이 모양의 지형)가 지구에서도 발견된다는 점이 충돌의 증거랍니다. 지구에서 운석이 발견되는 것도 그런 충돌이 얼마든지 가능하다는 증거지요. 그러므로 앞으로 소행성이 지구와 충돌할 가능성은 얼마든지 있어요.

# 공룡이 멸종된 것도 소행성 때문인가요?

태양계에는 소행성이라고 부르는 수많은 암석 파편이 떠다니는데, 그 크기가 조약돌만 한 것에서부터 거대한 바위만 한 것에 이르기까지 무척 다양하답니다.

소행성 중 90%는 화성과 목성 사이에 있는 소행성대에 머물지만, 나머지 10%는 태양계의 나머지 지역에 흩어져 있지요. 이 소행성이 우리에게 아주 흥미로운, 또는 아주 위협적인 대상이 될 수 있다는 사실을 알려 주는 일이 있어요.

많은 과학자가 소행성의 충돌 때문에 공룡이 멸종했다고 생각하는 게 바로 그것이지요. 멕시코의 유카탄 반도 앞바다의 해저에는 '칙슐

〈달 표면의 크레이터〉

〈운석 충돌로 생긴 지구의 아리조나 크레이터(미국)〉

루브'라는 크레이터가 있어요.

  지름이 약 300킬로미터나 되는 이 크레이터는 6,500만 년 전에 지름 약 16킬로미터의 물체가 우주에서 날아와 충돌하면서 생긴 것으로 추정하고 있어요. 그 폭발의 충격으로 높이 90미터의 해일이 일어났고, 전 세계적으로 불이 번져 가면서 짙은 먼지와 연기구름이 생겨났지요. 이 먼지구름이 몇 달 혹은 몇 년 동안 햇빛을 차단해서 식물이 죽고 먹이 사슬이 붕괴했다는 거랍니다.

  소행성의 충돌로 공룡이 멸종했다는 것에 모든 전문가가 다 동의하는 건 아니지만, 현재까지 소행성 충돌로 인한 공룡의 멸종 이론이 가장 널리 받아들여지고 있어요.

012

행성은 언제나 위성보다 큰가요?

행성의 주위를 돌고 있는 위성은 당연히 그 행성보다 훨씬 작다고 할 수 있겠죠. 그러나 태양계 전체에서 아주 작은 행성과 아주 큰 행성의 위성을 비교해 보면 어떨까요?

우리 태양계를 이루는 여덟 개의 행성은 크기가 다양한데, 위성도 이와 마찬가지로 크기가 다양해요. 물론 모든 행성은 자신의 위성보다는 크기가 크지만 큰 행성의 큰 위성은 몇몇 작은 행성보다 지름이 훨씬 크답니다.

태양계의 천체를 크기에 따라 나열하면 다음과 같아요. 우선 태양은 거의 140만 킬로미터의 지름을 가진 별로 당당하게 그 첫 번째 자

행성은 항성의 주위를 돌며 스스로는 빛을 내지 못하는 별로 수성, 금성, 지구, 목성, 소행성 등이에요.

위성은 행성의 주위를 도는 별로, 지구의 달, 화성의 포보스, 목성의 칼리스토 등이에요.

○ 〈태양계 별의 크기〉

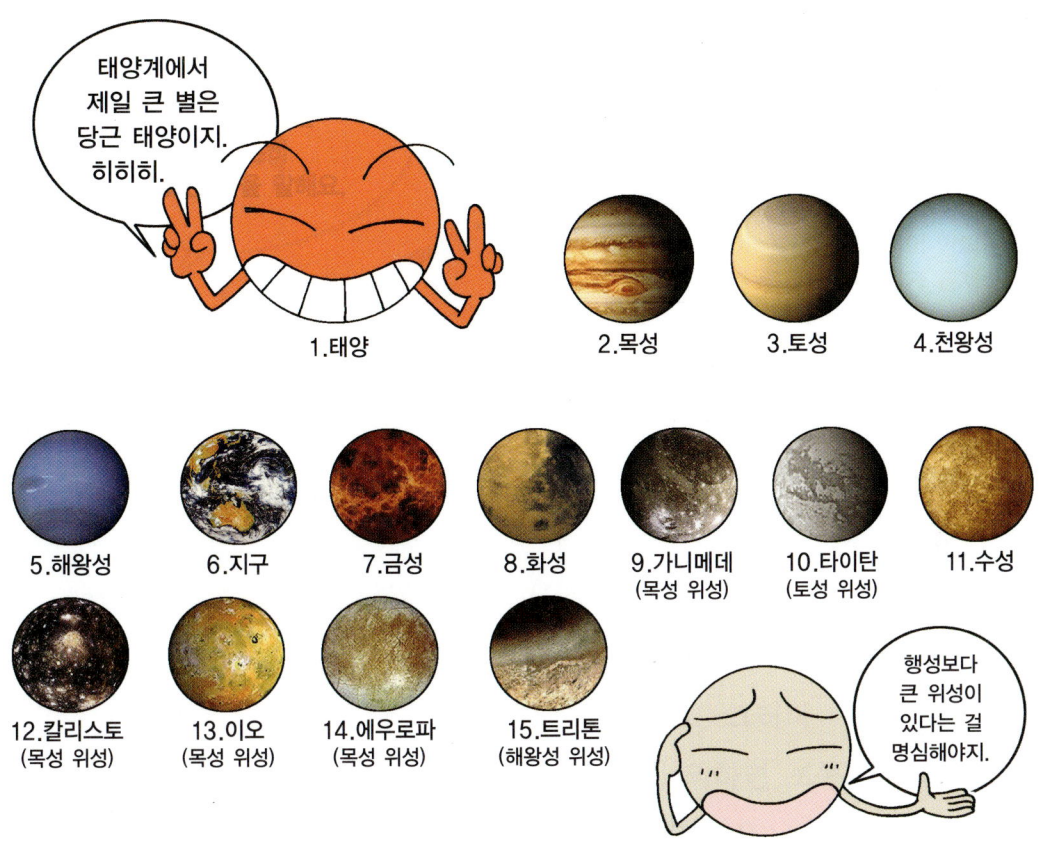

　리에 서게 됩니다. 그 다음 2위부터 5위까지는 거대한 가스 행성인 목성, 토성, 천왕성, 해왕성이 차지해요. 6위는 지구에게 돌아가고, 그 다음이 금성과 화성이랍니다.

　그러나 9위는 행성 대신에 목성의 위성으로 5,260킬로미터의 지름을 가진 가니메데가 등장하고, 근사한 차이로 토성의 위성인 타이탄이 5,150킬로미터의 지름으로 뒤따라요. 11위에 비로소 행성인 수성이 등장하게 되지요. 그 이후의 순위에는 목성의 위성인 칼리스토와 이오가 있고, 그 뒤로 달과 목성인 에우로파가, 그리고 해왕성의 위성인 트리톤이 차지한답니다.

정말 외계인이 사는 별이 있나요?

태양계는 우리 은하계에 속한 아주 작은 별들의 가족이에요. 우리 은하계에는 약 1,000억 개의 별이 있어요. 이 많은 별 중 정말 외계인이 사는 별이 있을까요?

지구 밖에도 생명체가 있을 것으로 보는 과학자들은 은하계에서 생명체를 찾는 노력을 하고 있어요. 현재 과학자들이 외계 생명체가 있을 가능성이 가장 높은 천체로 꼽는 것은 목성의 위성인 에우로파랍니

은하계에서 생명체가 있을 확률이 높은 태양계 천체를 순서대로 꼽자면 지구 다음으로 에우로파, 화성, 타이탄을 꼽을 수 있어요.

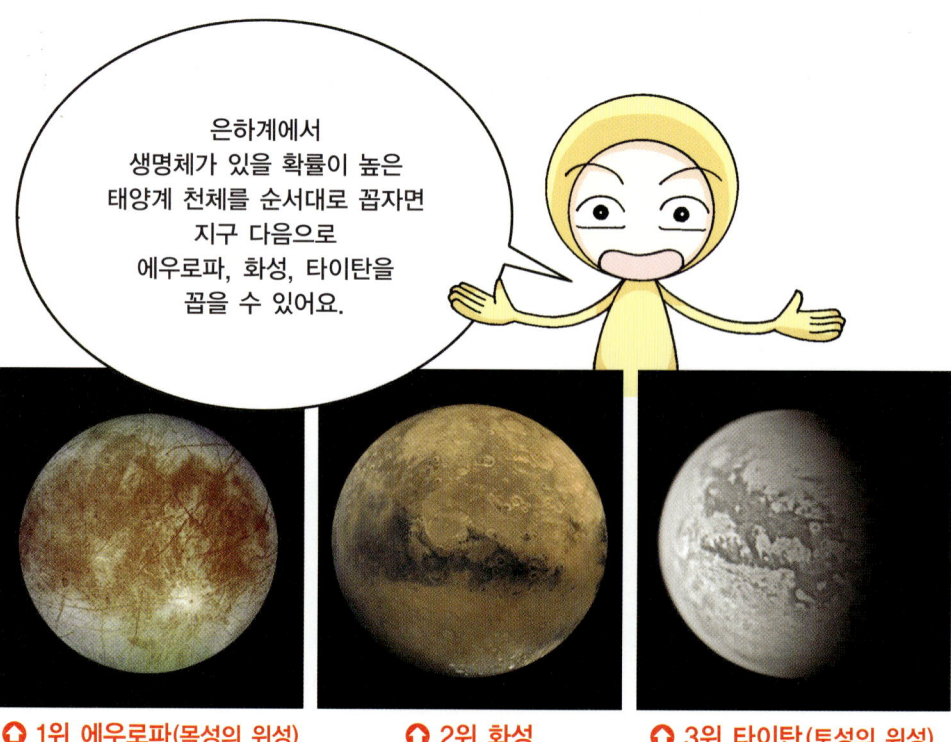

⬆ **1위 에우로파(목성의 위성)**
목성의 4대 위성 가운데 가장 작아요. 위성 표면의 줄무늬는 갈라진 얼음 사이로 물이 솟아 다시 얼어붙어 생긴 균열이지요.

⬆ **2위 화성**
지구 다음에 위치한 태양계 천체로 온통 모래와 자갈로 덮여 있어요.

⬆ **3위 타이탄(토성의 위성)**
토성의 위성 중 가장 커요. 질소가 대기의 주성분으로 지구와 가장 닮은 천체예요.

다. 에우로파는 목성의 4대 위성 중 하나로 달보다 조금 작아요. 표면은 얼음으로 덮여 있는데, 크레이터의 흔적이 없어요. 과학자들은 에우로파의 얼음 표면 밑에 바다가 있기 때문에 크레이터의 흔적이 보이지 않는 것이라 짐작하고 있어요.

그러니까 충돌한 소행성이 얼음 밑의 바다에 빠지고, 깨졌던 얼음은 다시 얼어붙어 겉보기에는 크레이터의 흔적이 나타나지 않는다는 거예요. 그 얼음 밑 바다에 생명체가 있을지도 모른다는 것이지요.

그럼 에우로파 말고 우주에는 지구처럼 생명이 사는 행성이 또 있을까요? 많은 사람이 우주 어딘가에 또 다른 생명체가 사는 행성이 있을 거라고 생각해요. 만일, 우주 어딘가에 지구처럼 생물이 산다면 지구와 비슷한 환경을 갖춰야겠지요. 뜨거운 열과 빛을 뿜어내는 태양과 같은 항성에서는 도저히 살 수 없고, 숨 쉴 공기와 마실 물이 없는 수성 같은 행성에서도 살 수 없어요.

아직은 외계인의 존재를 확실히 밝히지 못했지만 과학자들은 생물이 살 수 있는 행성이 우주에 약 10개 정도가 있을 것이라고 추측하고 있답니다.

외계인은 정말 인간처럼 생겼나요?

친근하고 귀여운 이미지의 외계 생물이 등장하는 영화 〈E.T〉, 단단한 껍질과 뾰족한 꼬리 등 위협적인 이미지의 외계 생물이 등장하는 영화 〈에이리언〉, 뇌가 큰 외계인이 등장하는 영화 〈화성침공〉, 인간과 비슷하게 생긴 외계인이 등장하는 영화 〈스타워즈〉, 곤충과 비슷하게 생긴 외계 생물이 등장하는 영화 〈스타쉽 트루퍼스〉…….

◐ ET(1982년)

만화나 소설, 공상 과학 영화의 소재로 등장하는 외계인의 모습을 보면, 때로는 인간과 닮은 모습으로, 때로는 전혀 다른 모습의 괴물로 등장하고 있어요. 그래도 어딘가 크기 면에서 사람과 닮은 부분이 있는 것 같지 않나요?

사실 영화에서 외계인이 인간의 모습으로 등장한 것은 경제적인 이유가 크다고 할 수 있어요. 그렇게 해야 제작 비용이 줄어들기 때문이지요.

실제로 영화나 소설 속에 등장하는 외계인 즉, 우주의 생명체가 인간처럼 생겼다는 근거는 없어요. 다윈의 진화론과 태양계 기원설을 거쳐 지구인과 닮은 형태, 즉 눈, 코, 입, 귀, 두 팔과 다리를 가졌을 것으로 예

> 외계인이란, 지구 외의 행성에 존재하는 지적인 고등 생물을 말해요!

상을 할 뿐이지요. 하지만 그것보다도 외계인의 존재 여부에 대한 논란이 지금까지 계속되고 있지요.

⬆ 에일리언(1997년)   ⬆ 화성침공(1996년)

별은 어떻게 태어나나요?

우리가 잠자고 있는 동안에 밤하늘의 별들은 열심히 빛을 내고 있어요. 그리고 우리가 활동하는 낮 동안에도 별들은 여전히 반짝이고 있지요. 다만 태양이 너무나 밝아서 우리가 별빛을 볼 수 없기 때문에, 별은 밤하늘에만 있는 줄 알고 있는 거예요.

그럼 별은 어떻게 태어났을까요? 우리가 보통 '별'이라고 부르는 것이 항성인데, 이 별의 탄생은 바로 우주에 있는 티끌과 가스 구름에서 생겼다고 해요. 티끌과 가스 구름이 서로 뭉치는 힘이 강해지고,

↑ 성간 가스

↑ 성간 가스와 수축(별의 탄생)

은하계에는 가스와 티끌로 이루어진 거대한 성간 가스가 있는데, 별은 이 성간 가스 구름에서 만들어져요.

초신성의 폭발이나 그밖의 다른 이유로 인해 발생하는 충격파가 이러한 성간 가스에 전해지면 가스 내부에는 주위보다 밀도가 높은 곳이 생기지요. 이때 가스들이 수축하게 되어 내부의 온도가 급격히 올라가고 수소 핵융합 반응이 일어나 스스로 빛을 내게 되는 것이지요.

수소 핵융합 반응으로 스스로 빛을 내는 별로 가장 대표적인 별은 태양이에요.

별은 수소 핵융합 반응이 일어나서 스스로 빛을 내게 되는 것이에요. 그러니까 별은 스스로 에너지를 만들어 내는 가스 덩어리인 것이죠.

그 힘으로 점점 크게 뭉쳐져 마침내 하나의 별로 탄생하는 것이지요.

그러면 티끌과 가스 구름이 뭉쳐지기만 하면, 별이 만들어지는 것일까요? 그렇지 않답니다. 별이 탄생하기에 적합한 밀도가 되어야 해요. 지구의 공기를 모두 모아 놓는다고 해서 별이 탄생하지는 않으니까요.

별을 이루는 대부분의 가스는 수소예요. 별의 중심부에서 충분한 온도와 압력으로 수소가 타들어 가는 반응이 있어야 해요. 이것을 '수소 핵융합 반응'이라고 하는데, 수소 폭탄의 원리와 똑같아요.

수소 폭탄의 경우는 수소를 인공적으로 태워서 막대한 폭발력을 얻는데, 별은 자연적으로 서서히 타서 별 자신의 에너지를 만들어 내지요. 이렇게 에너지를 스스로 만들어 내면서, 별은 우리가 흔히 보는 보통 별의 단계로 접어들어요. 즉, 젊은 별이 되는 것이랍니다.

016

별도 죽나요?

모든 생물과 마찬가지로 별에도 탄생과 죽음이 있어요. 인간에게 일생이 있듯이 별도 태어나고 사라지는 단계를 거치게 되는 것이지요.

별은 진화 과정에서 내부의 에너지를 소모하고 나면 죽게 되는데, 일반적으로 별의 죽음은 세 가지로 알려져 있어요. 질량의 크기에 따라 각각 다른 형태로 일생을 마치는데, 질량이 작은 별은 천천히 식다가 빛을 내지 못하며 일생을 마감하고, 질량이 큰 별은 해를 거듭하여 크게 부풀다 폭발로 생을 마감하게 됩니다.

먼저 태양 질량의 1.4배 정도의 작은 질량을 갖는 별은 중심부에서 더 이상 에너지를 생성하지 못할 때 서서히 수축하여 반지름이 지구 정도의 크기로 줄어들게 되면 백색왜성이 돼요. 백색왜성은 오랜 기간 천천히 식어 일생을 마감하지요. 이와 동시에 별의 바깥 부분은 우주 공간으로 흘러 나가 빛나는 성운이 만들어지는데, 이 성운을 행성상성운이라고 해요. 행성상성운은 태양 정도의 작은 별이 죽음을 맞이한 것으로, 자신의 표면 가스를 수천 년에 걸쳐 서서히 뿜어낸 뒤 자취를 감추게 된답니다.

그리고 별들 중 태양보다 10배 이상 무거운 별들은 마지막을 대폭발로 장식합니다. 이때 별은 태양이 평생동안 방출할 에너지를 한꺼번에 방출하며 태양 10억 개 밝기로 빛나는 초신성이 되지요. 그리고 별의 중심핵은 수축하여 아주 작은 중성자별이 되거나 블랙홀이 된답니다. 이것을 초신성 폭발이라 부르지요.

3 원시 항성계

2
성간 가스는 사라지고
원반만 남는다

4
핵융합을 시작해 표면 온도가 높은
어린 별이 탄생한다(파란색)

질량이 태양과 비슷한 별은
꾸준히 핵융합 반응을 하여
오랫동안 빛을 낸다.
(젊은 별, 노란색)

가장 빽빽이 뭉친 부분을 중심으로
중력이 생겨나
더 많은 물질이 뭉쳐지고
온도도 매우 높아진다.

1 성간 가스
성간 가스가 뭉쳐져
새로운 별의
재료가 된다.

5
연료인 수소가 떨어지면 별은
붉은색으로 변하고(노년기 별)

6 적색거성
질량이 태양의
4배 이하인
별로 진화하며
부풀어 오른다.

7 행성상성운

8 백색왜성

질량이 일정한 수준에서
벗어나는 별은 청백색을 띠는
백색왜성으로 변하고 천천히
식어 일생을 마감한다.

6-1 적색초거성
태양보다 질량이 큰 별은
짧은 기간 동안
연료(수소)를 모두 써 버리고
거성보다 훨씬 밝고 크게
부풀어 오른다.

8-1 중성자별

7-1 초신성 폭발
초신성으로 폭발하여 은하 안에 있는
1,000억 개의 별의 밝기를 합한 것
만큼의 빛을 낸다.

8 블랙홀

질량이 매우 큰 별이
폭발하면

별마다 색이 다른가요?

철을 가열하면 처음에는 무거운 느낌의 검붉은 빛을 내다가 점차 노랗게 되며, 마침내 하얀빛을 내게 되지요. 이러한 실험을 통해서 색은 온도와 관계가 있음을 알 수 있어요. 온도가 낮을 때에는 파장이 긴 붉은빛이 가장 강하고, 온도가 높아질수록 파장이 짧은 푸른빛이 보다 강해지는 것이랍니다.

별도 마찬가지여서 색깔이 빨강에서 노랑, 청백색이 될수록 표면 온도가 높다는 것을 뜻해요. 붉은 별인 안타레스의 표면 온도는 약

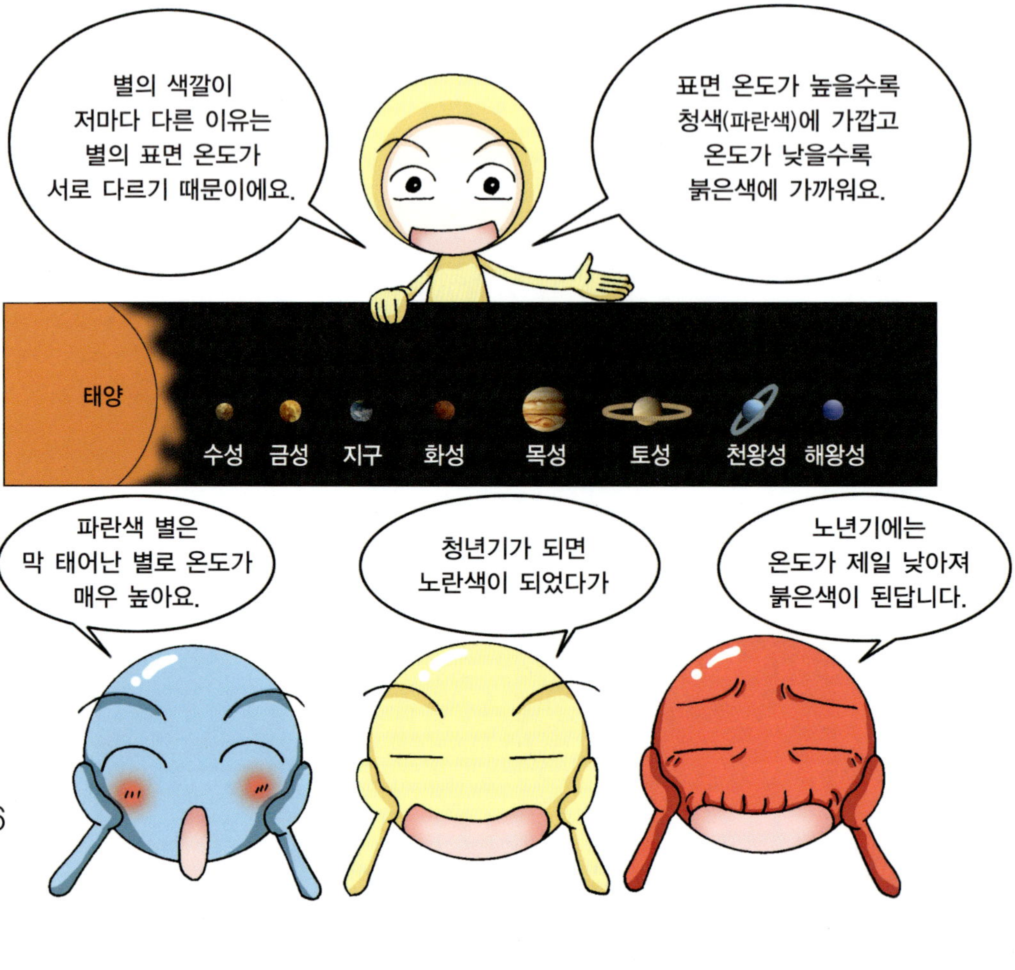

별의 색깔이 저마다 다른 이유는 별의 표면 온도가 서로 다르기 때문이에요.

표면 온도가 높을수록 청색(파란색)에 가깝고 온도가 낮을수록 붉은색에 가까워요.

태양 수성 금성 지구 화성 목성 토성 천왕성 해왕성

파란색 별은 막 태어난 별로 온도가 매우 높아요.

청년기가 되면 노란색이 되었다가

노년기에는 온도가 제일 낮아져 붉은색이 된답니다.

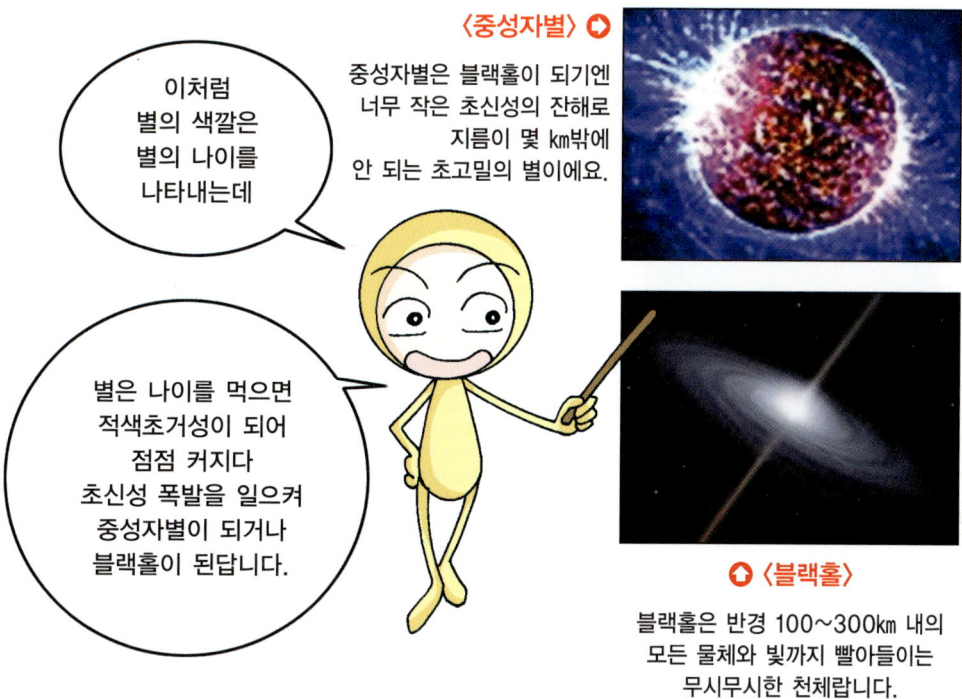

〈중성자별〉
중성자별은 블랙홀이 되기엔 너무 작은 초신성의 잔해로 지름이 몇 km밖에 안 되는 초고밀의 별이에요.

〈블랙홀〉
블랙홀은 반경 100~300km 내의 모든 물체와 빛까지 빨아들이는 무시무시한 천체랍니다.

이처럼 별의 색깔은 별의 나이를 나타내는데

별은 나이를 먹으면 적색초거성이 되어 점점 커지다 초신성 폭발을 일으켜 중성자별이 되거나 블랙홀이 된답니다.

3,500도씨이며, 태양은 표면 온도가 약 6,000도씨인 노란 별이에요. 그리고 흰 별인 베가는 약 9,500도씨랍니다.

이처럼 별의 색은 별의 온도를 알아낼 수 있는 중요한 관측 자료랍니다. 그렇다면 별의 온도는 왜 저마다 다를까요? 희푸르게 보이는 별은 대부분 질량이 큰 젊은 별이에요. 또한 붉은 별은 질량이 작거나 나이가 든 별이지요.

질량이 작은 별은 질량이 큰 별에 비해서 밀도가 높아요. 질량이 작은 만큼 밀도가 높아지지 않으면 중심부에서 별의 에너지원인 핵융합 반응이 시작되지 않기 때문이에요. 그래서 질량이 작은 별은 표면 온도가 낮은 거예요. 질량이 큰 젊은 별은 그 반대의 이유로 표면 온도가 높아져요. 또한 별은 나이를 먹게 되면 반지름이 몇 배나 부풀어 오르는 적색초거성이 돼요. 질량이 작아지고 밀도가 높아지면서 나이 먹은 별의 표면 온도는 낮아지게 되는 거랍니다.

별의 밝기는 모두 같은가요?

별은 스스로 에너지를 방출하고 표면에서 나오는 에너지의 양에 따라 밝기가 달라져.

1등성은 가장 밝은 별
6등성은 가장 어두운 별

밝아진다 ↑
1등급 — 전구 100개
2등급 — 전구 40개
3등급 — 전구 16개
4등급 — 전구 6.5개
5등급 — 전구 2.5개
6등급 — 전구 1개
어두워진다 ↓

한 등급씩 늘어날 때마다 2.5배씩 밝아진다

기원전 2세기경에 히파르코스는 별의 밝기를 6등급으로 나누었답니다.

    헤아릴 수 없을 만큼 많은 별 중에 우리가 눈으로 볼 수 있는 별은 몇 개나 될까요?

    사람이 볼 수 있는 별의 수는 6,000개쯤 된다고 해요. 이것은 온 하늘을 통틀어 보이는 별의 수이므로, 지평선을 기준으로 하늘을 반으로 나누면 3,000여 개로 줄어들어요. 이것마저도 지평선 근처의 산이

48

나 건물에 가려 보이지 않는 것을 빼고 나면 실제 볼 수 있는 별의 수는 2,000개 정도랍니다. 이 정도라면 마음먹고 한번 헤아려 볼 만하겠죠.

그런데 밤하늘에 반짝반짝 빛나는 별은 모두 밝기가 같을까요? 아니랍니다. 망원경 없이도 잘 살펴보기만 한다면 밝기가 서로 다른 것을 알 수 있어요.

그리스의 천문학자 히파르코스(BC 160~BC 125)는 기원전 150년경에 지중해의 로도스 섬에 천문대를 세우고 1,080개 별의 위치와 밝기를 측정했어요. 지구의 한 지점을 경도와 위도로 나타내듯이 별마다 좌표를 붙였어요.

겉보기에 따라 별의 밝기를 여섯 등급으로 나누어 가장 밝은 별을 1등급으로 하고, 가장 어두운 별을 6등급으로 정했지요. 히파르코스가 정한 별의 등급은 약간 고치긴 했지만 현재도 사용하고 있답니다.

19세기에 이르러 천문학자들은 별의 밝기에 대하여 정확한 기준을 만들려고 했어요. 우선 1등급 별이 6등급 별보다 100배 밝다는 걸 알아내고 한 등급 사이에는 약 2.5배씩 차이가 나도록 했지요. 등급 사이의 밝기 차이가 정해지자 태양이나 달과 같이 아주 밝은 것이나, 커다란 망원경으로만 볼 수 있는 희미한 천체도 쉽게 등급을 결정할 수 있게 되었답니다.

> 태양은 실제로 그리 밝은 별은 아니지만 지구와 가까이 있기 때문에 제일 밝게 보이는 거랍니다. 그러므로 눈으로 보기에 아주 밝다고 해서 실제 밝기가 제일 밝은 것은 아니지요.

태양 데네브

*겉보기 등급 :
맨눈으로 지구에서 보았을 때의 밝기
(태양 - 달 - 금성 - 목성 - ……)
*절대 등급 : 실제 별의 밝기
(데네브 - 리겔 - …… - 태양(26번째))

별은 정말 별(★) 모양인가요?

우리는 흔히 별을 표시할 때 별표(★)로 나타내요. 그럼 별은 정말로 뾰족한 모양일까요? 사실은 그렇지 않답니다. 아무리 커다란 망원경으로 열심히 관찰해 보아도 별에 그렇게 뿔이 나 있는 것은 찾아볼 수가 없어요. 별표(★)는 하나의 기호일 뿐이랍니다.

그렇다면 어째서 별을 이런 모양으로 표시하게 되었을까요?

그것은 별이 반짝이기 때문일 거예요. 바람이 심하게 부는 날 별을 관찰해 보면 더욱더 반짝거리는 걸 발견하게 될 거예요. 이것은 지구 대기의 움직임이 별에서 오는 빛을 흩어지게 해서 반짝이는 것처럼 보이게 하는 거예요. 강바닥에 있는 돌을 물 밖에서 들여다볼 때 돌이 흔들리는 것처럼 보이는 것과 마찬가지지요.

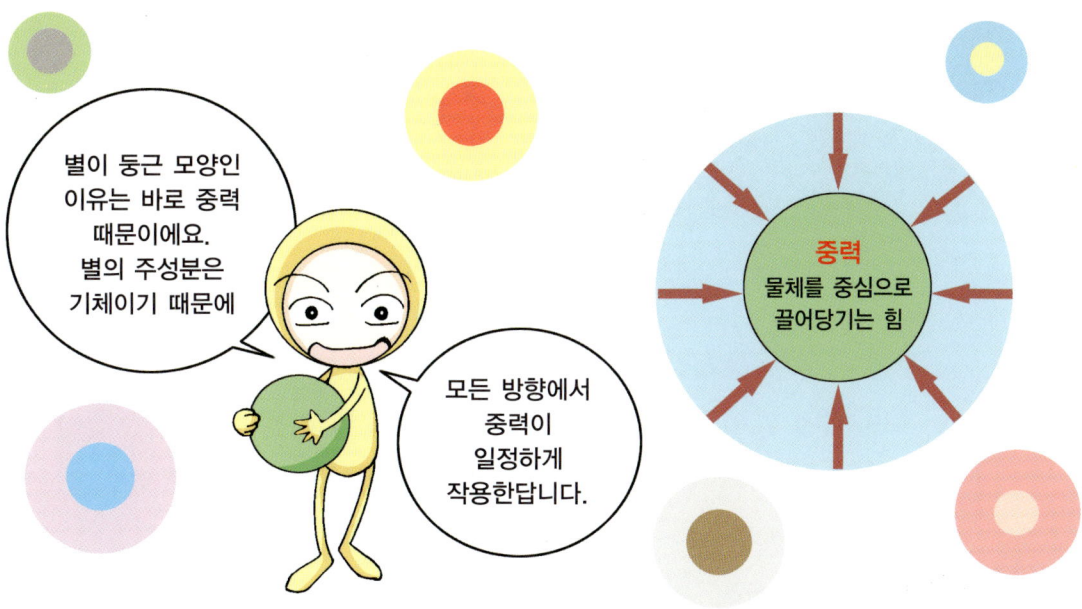

　태양을 관찰해 보더라도 쉽게 알 수 있어요. 태양을 망원경의 투영판에 반사시켜서 보면 태양의 가장자리가 마치 불타고 있는 것처럼 일렁이는 모습을 볼 수 있어요.

　하지만 실제로 태양에서 이러한 불길이 치솟고 있는 것은 아니에요. 지구의 대기가 흔들리기 때문에 그렇게 보일 뿐이죠.

　만일, 별에서 이런 반짝임이 사라진다면 시인들은 슬퍼할지 모르지만 천문학자들은 몹시 기뻐할 거예요. 반짝임은 관측에 방해가 되거든요. 그래서 천문대를 세울 때는 대기의 흔들림이 적은 곳을 택하는 것이 중요한 조건의 하나로 꼽힐 정도랍니다.

　하지만 뭐니뭐니해도 관측하기 가장 좋은 곳은 우주 공간이지요. 우주에는 공기가 없기 때문에 별도 반짝거리지 않거든요.

　그럼 별의 실제 모양은 어떨까요?

　우주에서 본 별의 모양은 태양과 마찬가지로 원 모양을 하고 있답니다. 자전 속도가 매우 빠른 별은 적도 부근이 원심력으로 부풀어서 타원체 모양을 하고 있기도 해요.

방향을 알면 우주가 보이나요?

깜깜한 밤에 동서남북을 알아내기란 쉽지 않지요. 그러나 북극성만 찾으면 걱정 없어요. 바로 이런 길잡이 역할을 하는 것이 북두칠성과 카시오페이아자리예요. 사계절 내내 북쪽 하늘에 떠 있으므로 이를 이용해 언제든지 북극성을 찾을 수 있답니다.

일곱 개의 별이 국자 모양으로 모여 있는 북두칠성은 큰곰자리의 엉덩이와 꼬리 부분에 해당해요. 카시오페이아자리는 알파벳 더블유(W) 모양으로 다섯 개의 별로 이루어진 별자리예요. 카시오페이아자리는 북극성을 가운데 두고 북두칠성 반대쪽에 있지요.

옛날 사람들은 바다를 항해할 때 북극성을 찾아 방향을 알아냈어요. 산속에서 길을 잃었을 때도 북극성을 보고 방향을 찾아 빠져나올 수 있었지요.

방향을 알면 계절에 따른 별자리도 쉽게 나눌 수 있어요. 흔히 봄철 별자리, 여름철 별자리라고 부르는 각 계절의 별자리는 해당 계절의 저녁에 동남쪽 하늘에서 떠올라요. 아울러 달이나 행성이 어디에서 뜨고 어느 곳을 가로질러 갈 것인지도 짐작할 수 있답니다.

계절	길라잡이 별이나 별자리들
봄철	목동자리, 처녀자리, 사자자리
여름철	백조자리, 거문고자리, 독수리자리
가을철	페가수스자리
겨울철	오리온자리, 황소자리, 쌍둥이자리, 큰개자리, 작은개자리, 마차부자리
북쪽 하늘	큰곰자리의 북두칠성, 카시오페이아자리

대부분의 별은 우주에 홀로 떠 있나요?

밤하늘의 별들은 제각기 빛을 뽐내며 반짝이고 있지요. 밝게 빛나는 별도 있고, 희미해서 있는 듯 없는 듯한 별도 있어요. 그런데 이런 별은 모두 외롭게 혼자서만 반짝이고 있는 걸까요?

아니에요. 사실은 그 반대랍니다. 우리가 보는 밝은 별은 대부분 쌍성(두 개가 모여 한 개처럼 보이는 별) 혹은 삼중성(세 개가 모여 한 개의 별처럼 보이는 별)이며 심지어 여섯 개가 가까이 붙어 있는 것처럼 보이는 별도 있어요.

왜 그럴까요? 별은 최고 태양 질량의 백만 배까지 이르는 거대한 성운(가스나 먼지로 이루어져 구름처럼 보이는 천체)에서 집단으로 탄생하기 때문이에요. 4,000개 이상 나타나는 이러한 별은 처음에 여러 개

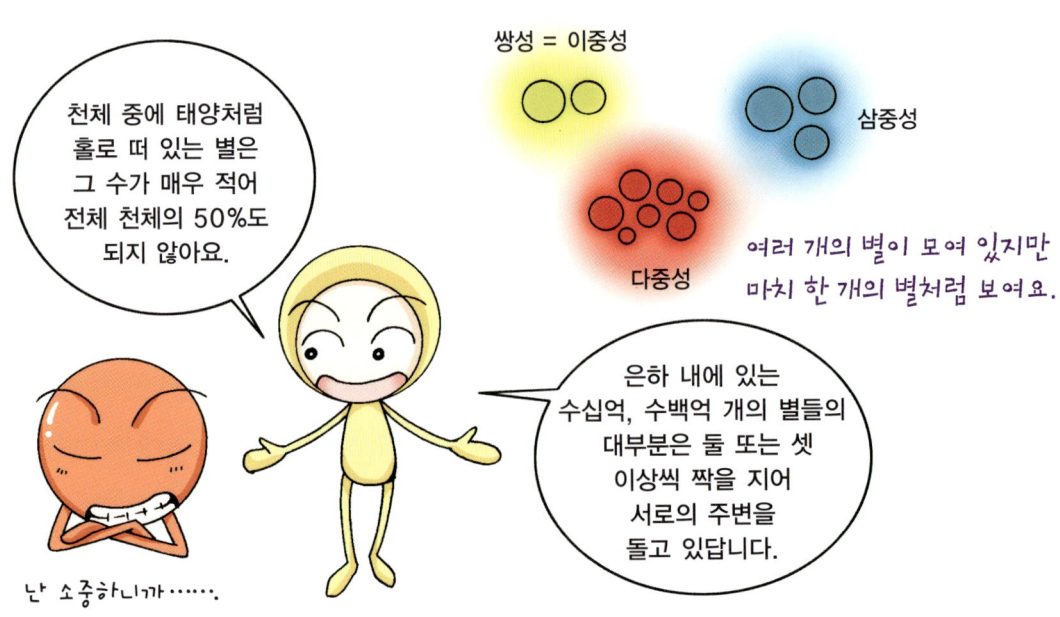

의 젊은 별이 서로 아주 가까이에 생겨나서 그 후에도 함께 머물러 있는 것으로 흔하답니다.

이런 다중성(여러 개의 별이 한 개로 보이는 별) 중에서는 실제로 거리가 가깝고 서로의 주변을 도는 궤도 운동을 하는 진짜 다중성이 있는가 하면, 단지 시각적으로만 그렇게 보이는 '광학적인 다중성'도 있어요. 이런 광학적인 다중성은 지구에서 볼 때 같은 방향에 놓여 있을 뿐이며 그 외에는 서로 아무런 관련이 없답니다.

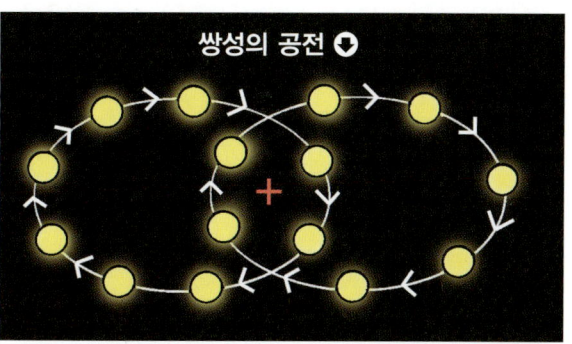
쌍성은 두 항성이 서로 인력에 묶여 한 점을 중심으로 공전하며 서로 대등한 관계로 태어날 때부터 쌍성으로 태어나요.

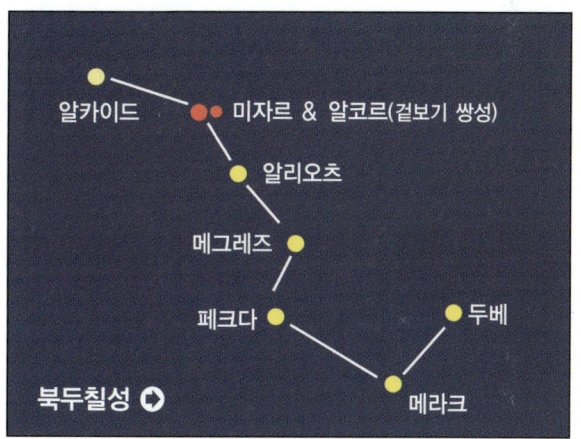
큰곰자리(북두칠성)의 미자르는 두 별로 이루어진 분광쌍성이에요.

이러한 경우에 해당하는 대표적인 예가 바로 큰곰자리의 별인 미자르(Mizar)와 '말 탄 사람'이라는 뜻을 가진 알코르(Alkor)예요. 이 두 별은 나란히 있는 것처럼 보이지만 서로 멀리 떨어져 있는 광학적인 쌍성이지요. 한편 미자르는 망원경으로만 볼 수 있는 진짜 동반성이 아주 가까이에 따로 있다고 해요.

별은 왜 반짝거리나요?

밤하늘을 보고 있으면 불빛이 깜빡거리듯 별이 반짝거리는 것을 볼 수 있어요. 별은 정말 반짝거리는 걸까요?

사실은 지구가 둘러싸고 있는 대기, 즉 공기 때문에 별이 반짝이는 것처럼 보이는 거랍니다.

별빛은 우리 눈에 들어오기 전에 지구의 대기권을 통과하게 돼요.

이때 대기를 통과한 별빛은 사방으로 굴절하지요. 별빛의 굴절 현상이 일어나는 것은 대기의 밀도가 고르지 않기 때문이에요. 밀도가 다른 대기를 통과하면서 별빛은 사방으로 굴절하고, 이 굴절에 의해 빛이 우리 눈에는 반짝이는 것처럼 보이는 것이지요. 반대로 공기가 없는 우주 공간에서 별을 바라보면 바늘 끝으로 찍어 놓은 작은 점처럼 빛날 거예요.

반짝이는 별을 보면 모두가 똑같아 보이지만, 실은 밝은 것과 그렇지 않은 것이 있답니다. 우리 눈에는 비슷해 보여 모두 똑같은 성질과 특징을 가졌을 거란 착각을 하는 것이지요.

하지만 우리가 사는 지구, 그 지구가 속한 태양계의 별만 살펴봐도

그렇지 않다는 것을 알 수가 있답니다.

태양계는 태양을 중심으로 모여 있는 별의 가족이에요. 태양과 행성, 위성, 소행성, 혜성 등으로 한 가족을 이루고 있지요. 여기서 스스로 빛을 내는 항성은 태양밖에 없어요. 그 외의 별은 태양의 빛을 받아 반사할 뿐이에요. 태양 빛을 받으면 밝아지고, 그렇지 않으면 캄캄해진답니다.

또한 태양은 미세하게나마 공전을 하면서 자전을 하고 있고, 그 밖의 별은 자전을 하면서 태양의 주위를 공전하고 있어요.

우리 눈에 보이는 별은 모두 존재하는 별인가요?

　우주는 엄청나게 커서 빛조차도 우주의 단위로 보면 달팽이처럼 느리게 움직인다고 할 수 있어요. 최대한의 속도로 뻗어 나간다 해도 말이에요.

　이런 빛의 속도가 우주에서는 어떨까요? 태양 빛도 지구에 오기까지 8분 이상이 필요한데 태양은 비교적 우리와 가까이 있지요. 예를 들어, 시리우스의 빛은 우리에게 오기까지 약 8년이 걸리고요. 북극성에서 오는 빛은 약 430년이 걸리므로, 그 빛이 출발한 것은 조선 시대

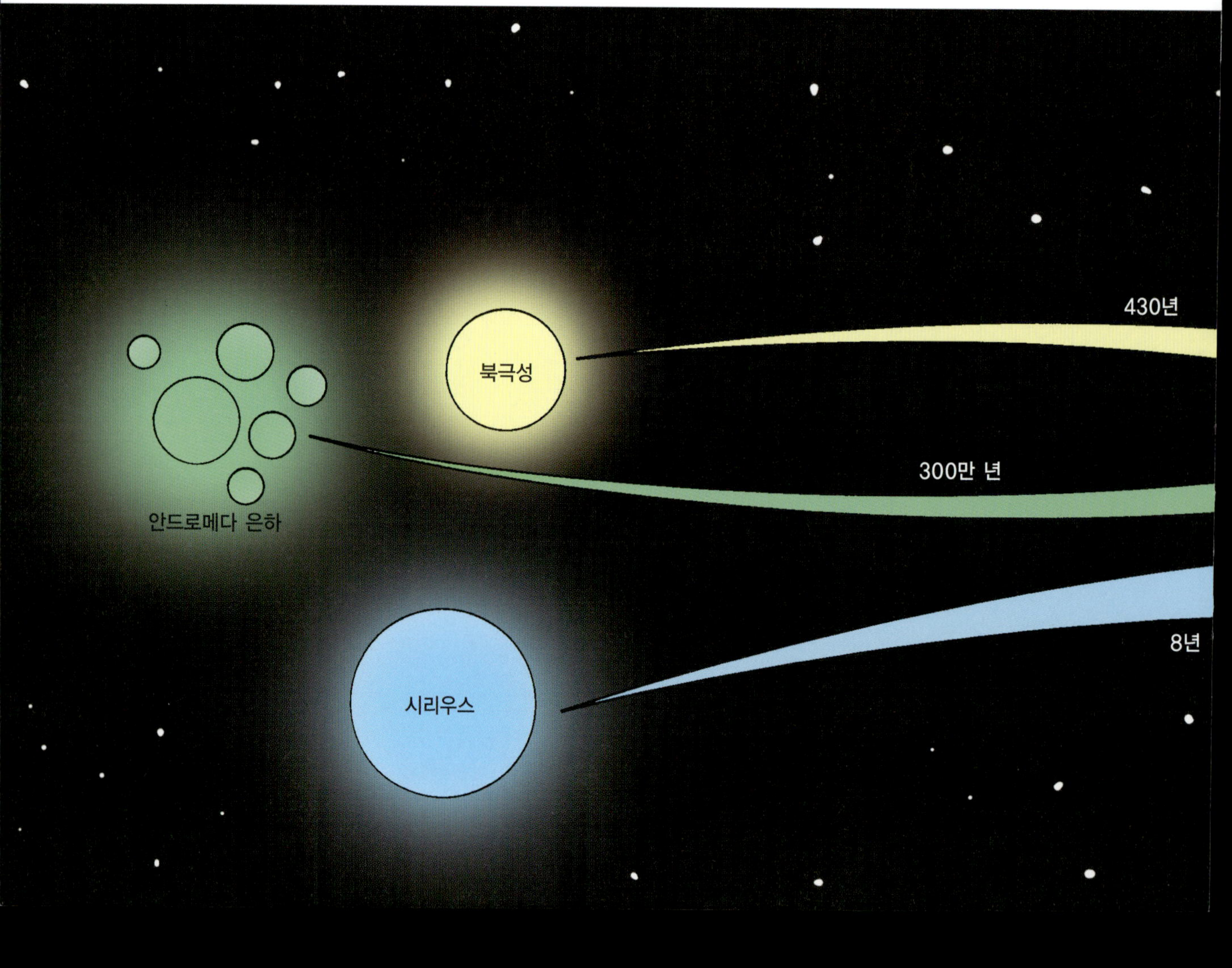

북극성 — 430년
안드로메다 은하 — 300만 년
시리우스 — 8년

때 일어난 전쟁인 임진왜란이 시작되기도 전이라고 할 수 있어요.

이웃 은하인 안드로메다 은하에서 출발한 빛이 우주를 통과하는 데는 약 200만 년이 걸린다고 해요. 다시 말하면 그곳에서 빛이 출발했을 때 우리의 선조는 단순한 석기를 사용하고 있던 때였다고 이해하면 될 거예요. 다른 은하도 우리로부터 수십억 광년이나 떨어져 있어요. 그러니까 우리는 지구가 존재하기도 전에 그런 은하들이 발사한 빛과 전파를 받고 있다고 할 수 있어요.

결국 우리는 지금 수백 년 전이나, 수백만 년이나 수십억 년 전에 출발한 빛의 모습을 보고 있는 것이지요. 만약에 지금 막 북극성이 폭발했다면, 아마 이 소식은 430년 후, 혹은 더 지나 먼 미래에 우리의 후손이 그 빛을 보게 될 거랍니다.

블랙홀의 정체는 뭔가요?

　실생활에서 흔히 쓰이고 있는 단어, 블랙홀! 아마 '블랙홀'이라는 단어를 모르는 사람은 거의 없을 거예요. 하지만 이렇게 유명함에도 불구하고, 블랙홀에 대해 정확히 알고 있는 사람은 아주 적어요.

　과연, 블랙홀이란 무엇일까요? '블랙홀'은 '검은 구멍' 즉, 빛을 포함한 모든 신호가 폐쇄되는 천체의 암흑 상태를 말해요. 엄청난 중력으로 빛을 포함한 거의 모든 것을 빨아들일 수 있지요.

　이 밖에도 블랙홀은 여러 가지로 표현되고 있어요. '캄캄한 지하 창고에 숨어 있는 검은 고양이 같다.'라고도 하고, 주위에 있는 모든 것을 빨아들이는 우주의 진공청소기 또는 배수관이라고 부르기도 하지요. 뿐만 아니라 '마구 빨아들인다'와 같은 강한 이미지가 연상되어서인지 블랙홀은 영화와 소설에 많은 영감을 제공하고 있답니다.

블랙홀은 질량이 매우 큰 별의 진화 마지막 단계에서 만들어진다고 알려져 있어요. 별의 진화 과정을 살펴보면, 태양의 질량과 비슷한 작은 별은 적색의 큰 별인 적색거성으로 부풀어 올랐다가 마지막에 흰색의 조그마한 '백색왜성'이라는 최후 진화 단계를 거쳐 죽게 되지만, 태양 질량의 10배 이상 되는 별들은 엄청나게 큰 폭발, 즉 초신성 폭발을 거쳐 중성자별이 된답니다. 아주 무거운 별은 핵융합이 끝난 뒤 수축되는데, 계속되는 수축으로 결국 빛조차 빠져나올 수 없는 모든 것을 삼켜 버리는 '블랙홀'이 되는 것이에요.

◐ 〈블랙홀의 구조〉

사건의 지평선
(블랙홀의 표면)
일단 통과하면 빛조차 돌아올 수 없다고 믿어지는 검은 구멍 주위의 구면이에요.

특이점
(중력과 조력이 무한대가 되는 지점)
시간과 공간이 존재하지 않아요.

블랙홀의 구성은 극히 단순하다고 할 수 있는데, 자신의 중력에 의해 수축한 '특이점(블랙홀의 핵)'과 그것을 둘러싸는 '사건의 지평선(블랙홀에 빨려들어가기 시작하는 곳으로 블랙홀 중력의 영역)'이 전부예요. 하지만 '사건의 지평선'과 '특이점'은 우리가 상상할 수 있는 세계가 아니랍니다.

블랙홀에 대해서는 과학자들이 여러 이론으로 설명하고 있지만, 아직도 그 존재의 신비는 모두 알 수 없어요. 우리가 상상할 수 없는 초월의 세계라고 할 수 있거든요. 앞으로 시간이 더 흐른다면, 더 많은 우주의 비밀을 풀 수 있는 날이 오겠죠?

 여름 밤하늘, 은하수가 가장 밝게 보이는 별자리는 무엇인가요?

흔히들 은하수를 우리 은하라고 부르는데, 은하수는 태양계가 속해 있는 우리 은하에 존재하는 수많은 별들의 집단을 말해요.

맑은 여름날, 밤하늘을 바라보면 하늘을 가로지르는 밝은 빛의 띠를 볼 수 있는데 이것이 바로 은하수예요. 견우와 직녀가 강을 건너 7월 7일 칠석날에 만난다는 슬픈 전설로 더 유명하지요.

은하수가 별들의 집단이라는 것은 1610년 갈릴레이가 최초로 망원

> 은하수는 은빛으로 빛나는 강같이 보인다 해서 붙인 이름으로 7월 7일 견우와 직녀가 만난다는 전설로도 유명하지요.

> 푸른 하늘 은~하수 하얀 쪽배에~

> 흔히들 은하수를 우리 은하라고 부르는데, 은하수는 태양계가 속해 있는 우리 은하에 존재하는 수많은 별들의 집단을 말해요.

○ 우리 은하의 실제 모습

○ 궁수자리

여름 밤하늘에 펼쳐진 은하수를 따라 내려가다 보면 궁수자리 방향이 가장 밝고 화려해요.

궁수자리에서 은하수가 넓고 밝게 보이는 것은 그 방향에 많은 별이 모여 있기 때문이랍니다.

궁수자리는 머리는 사람, 몸은 말인 켄타우로스 족의 케이론 모습이랍니다.

경을 이용해 관측했답니다.

　여름 밤하늘에 쏟아질 듯한 밝은 띠를 따라 내려가다 보면 은하수가 더욱 화려하고 밝은 곳에서 궁수자리를 만날 수 있는데, 이 근처의 은하수가 특별히 밝게 보이는 이유는 우리 은하의 중심이 궁수자리 부근에 있기 때문이에요. 궁수자리는 별들의 숲이라고 불릴 정도로 많은 성단과 성운을 포함하고 있지요.

　궁수자리는 황도 12궁 중 하나로, 흔히 활을 당기는 켄타우로스 케이론으로 묘사돼요. 상반신은 인간이고 하반신은 말의 모습인 반인반마 케이론은 학문과 무술에 뛰어나 많은 영웅들의 스승이었어요. 궁수자리는 케이론이 황금 양피를 찾아 나선 제자들을 안내하기 위해 자신의 모습을 황도 상에 만든 별자리라고 합니다.

은하계란 무엇을 말하는 건가요?

우리가 사는 지구는 태양계에 속해요. 태양계는 많은 별이 모여 있는 은하 속에 있답니다. 이렇게 태양계가 속해 있는 은하를 '은하계' 혹은 '우리 은하'라고 해요.

은하계에는 태양계 외에도 많은 항성과 성단 그리고 성간 물질이 포함돼 있어요. 은하계는 중심부와 은하면, 은하 무리, 이렇게 세 부분으로 나눌 수 있답니다.

은하계는 크기가 어느 정도일까요?

⬆ 〈우리 은하〉
우리 은하는 소용돌이 모양을 한
긴 팔이 휘감겨 있는
나선형의 모양을 하고 있어요.

지구가 속해 있는
태양계를 비롯하여
수많은 별, 성단,
성운들을 포함하고 있는
거대한 집단을
우리 은하 또는
은하계라고 불러요.

은하계는 중심부와
은하면, 은하 무리의
세 부분으로 나뉘어요.

1918년에 섀플리(1885~1972)라는 과학자가 은하계의 크기를 알아냈는데 지름이 약 10만 광년 정도 된다고 해요. 정말 굉장하죠?

우주에는 태양계가 속해 있는 은하계 말고도 많은 은하가 있는데요. 이런 은하를 '외부 은하'라고 부른답니다.

우리 은하를 옆에서 보면 별이 대체로 원반형으로 분포하고 있으며, 그 중심부가 볼록하게 부풀어 있어요.

태양계 / 은하의 중심 / 원반 / 구상 성단 / 약 10만 광년

은하를 잘 살펴보면, 10~50개 정도의 은하가 모여 작은 집단을 이루는가 하면, 외부 은하에는 수백 개 이상의 은하가 모여서 커다란 집단을 이루기도 해요. 이런 은하의 집단을 작은 것은 은하군, 큰 것은 은하단으로 구분을 한답니다. 또, 은하단을 성운단이라고도 불러요.

은하계의 나이는 은하계 내의 별 중 가장 늙은 별의 나이를 통해 추정할 수 있어요. 이 방법으로 은하계의 나이를 약 136억 년으로 보고 있답니다.

은하는 모두 모양이 똑같나요?

1924년 허블이 경이적인 발견을 한 이래 은하에 관한 새로운 사실이 많이 밝혀졌어요. 허블이 분류한 은하의 기본 체계는 지금도 사용되고 있어요. 바로 나선 은하, 타원 은하, 불규칙 은하랍니다.

나선 은하는 납작한 원반 모양의 은하로, 늙은 별이 모여 있는 중앙 팽대부 주위에 젊은 별이 원반 모양으로 에워싸고 있어요. 중심에서 바깥으로 뻗어 나간 나선 팔의 가스와 먼지구름에서는 새로운 별이 계속 만들어지고 있답니다. 우리 은하도 나선 은하에 속하며, 태양은 그 나선 팔 중 하나에 위치하고 있지요.

타원 은하는 거의 원에 가까운 것에서부터 납작한 공 모양에 이르기까지 모양이 다양해요. 어떤 것은 럭비공처럼 생겼는가 하면, 완전한 구형으로 생긴 것도 있고, 바람 빠진 축구공처럼 생긴 것도 있어요.

마지막으로 불규칙 은하는 이름에서도 알 수 있듯이 정해진 모양이 없어요. 남반구 하늘에서 볼 수 있는 대(大)마젤란운과 소(小)마젤란운이 불규칙 은하의 대표적인 예랍니다. 이 두 은하의

> 은하는 1,000억 개에서 1조 개에 달하는 별과 성간 물질, 암흑 물질 등이 중력에 묶여 이루어진 거대 집단을 말해요.

🔴 〈허블 우주 망원경으로 찍은 여러 모양의 은하〉
은하는 우주에서 가장 거대한 천체랍니다.

○ **〈허블이 분류한 은하의 종류〉**
허블은 외부 은하를 그 형태에 따라 타원 은하, 나선 은하, 불규칙 은하로 구분했어요.

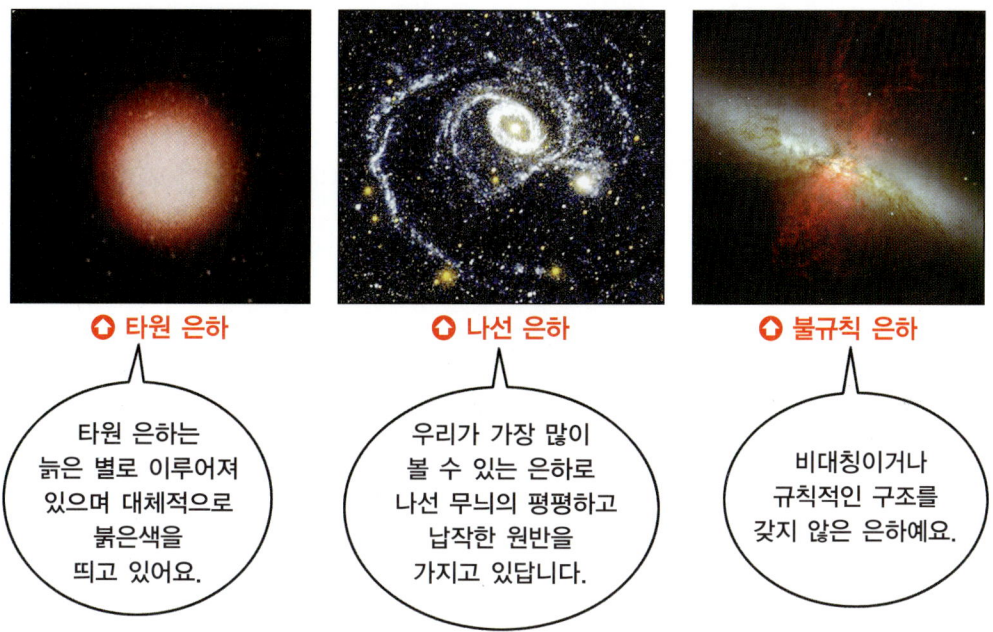

○ 타원 은하
타원 은하는 늙은 별로 이루어져 있으며 대체적으로 붉은색을 띠고 있어요.

○ 나선 은하
우리가 가장 많이 볼 수 있는 은하로 나선 무늬의 평평하고 납작한 원반을 가지고 있답니다.

○ 불규칙 은하
비대칭이거나 규칙적인 구조를 갖지 않은 은하예요.

이름은 포르투갈의 탐험가 페르디난드 마젤란(1480~1521)의 이름에서 땄는데, 마젤란은 세계 일주 항해를 하다가 두 은하에 대해 처음으로 기록했어요.

마젤란은 항해 도중 필리핀에서 죽었지만, 그의 선원들은 항해를 계속해 세계 일주에 성공했어요. 그들은 마젤란이 남긴 대마젤란운과 소마젤란운의 기록을 유럽으로 가져왔지요. 그렇지만 수백 년이 지날 때까지 대마젤란운과 소마젤란운이 다른 은하라는 사실을 아무도 몰랐다고 해요.

퀘이사는 별인가요, 은하인가요?

 1970년대 미국에서는 '퀘이사(Quasar)'라는 최신 모델의 텔레비전이 크게 선전된 적이 있었다고 해요. 당시 약삭빠른 광고업자들이 천문학에서 그 신조어를 빌려 왔던 거죠.

 천문학에서 말하는 퀘이사는 우주의 수수께끼 천체 중의 하나로, 그 정체와 존재에 관한 연구는 아직도 진행 중이랍니다. 1963년 전파망원경으로 처음 발견된 퀘이사는 아주 먼 곳에 존재하는 은하의 중심핵으로 볼 수 있어요.

 퀘이사라는 이름은 '준성전파원'이라는 영어 단어를 줄여 쓴 것인데요(Quasar:Quasi-stellar radio source). '준성'은 별과 비슷하다는 뜻으로, 퀘이사를 망원경으로 볼 때 하나의 별처럼 보이기 때문에 그렇게 부른 것이죠. 그러나 퀘이사는 별이 아니에요. 퀘이사는 먼 거리에 있으면서 아주 밝은 빛을 내며, 거대 은하 100개가 내는 것보다 더 많은 에너지를 내 놓아요. 또한 태양 1조 개가 내는 것과 맞먹는 빛을 내기 때문에, 중심에 활동적인 밝은 핵이 있는 은하로 여겨지지요. 그 핵의 정체는 블랙홀이 아닌가 하는 추정도 나오고 있어요.

퀘이사는 천문학에서 매우 중요한 천체예요. 우주가 아주 어릴 때의 모습을 말해 줄 수 있기 때문이에요. 퀘이사는 수억에서 130억 광년(광년 : 빛이 1년 동안 가는 거리. 약 9조 50,000억 킬로미터)쯤 되는 먼 곳에 있어요. 퀘이사에서 100억 년 전에 출발한 빛이 이제야 우리 눈에 보인다는 얘기지요. 우주의 나이가 대략 150억 년으로 생각되니까, 지금 우리 눈에 비친 퀘이사의 모습은 우주가 태어나고 얼마 지나지 않은 때의 모습이란 말이 된답니다.

〈퀘이사(Quasar)〉

중력은 자연 세계에서 가장 강력한가요?

뉴턴의 사과는 땅으로 떨어지고, 달은 지구를 향해 떨어지고, 지구는 태양을 향해 떨어져요. 그리고 태양은 우리 은하의 중심에 묶여 있어요. 사과에서 태양에 이르기까지 이 모든 움직임을 설명할 수 있는 힘은 한 가지, 바로 만유인력이랍니다. 이 만유인력에 지구가 자전을 하면서 생기는 원심력을 더한 것이 바로 중력이에요.

중력은 물질의 기본 성질 중 하나로, 질량을 가진 모든 물질 사이에서 서로 끌어당기는 힘으로 작용해요. 그러니까 중력이 존재하기 때문에 우리는 공중에 떠다니지 않고 지표면에서 생활하는 것이지요.

익~ 안 떨어지잖아.

파닥 파닥

떨어지려 아무리 발버둥쳐 봐야 소용없거든? 쯧.

아이고, 왜 자꾸 끌어당기는 거야. 무서운 중력!

사과가 떨어지는 것도 지구가 끌어당기는 중력 때문이지요. 물론 만유인력이라는 면에서 보면 사과도 지구를 잡아당기고 있답니다! 그 힘이 아주 미약하지만요.

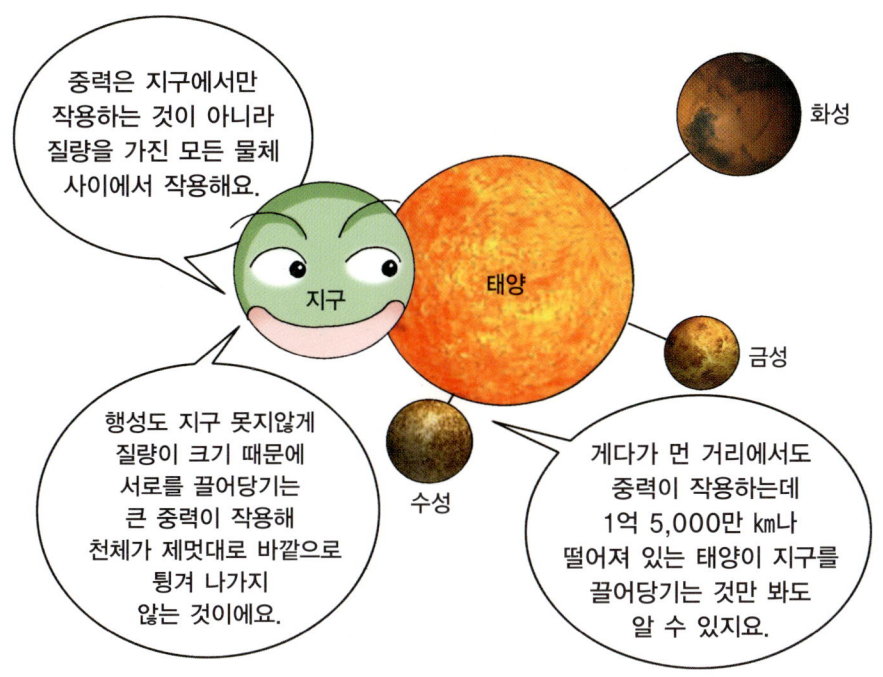

중력은 달이든 운석이든 공중을 향해 쏘아 올린 화살이든 간에, 지구 가까이에 있는 모든 물체를 지구 쪽으로 끌어당겨요. 또 태양 속에서 뜨거운 기체가 달아나지 못하게 붙들어 놓고요. 행성이 태양 주위의 궤도를 돌게 하고, 은하 속의 모든 별로 하여금 은하의 중심 주위를 돌게 하는 힘도 바로 중력이랍니다.

지구가 둥근 것도 중력 때문이에요. 태양과 달, 행성, 다른 별도 모두 둥근 모양이지요. 모든 물질이 서로 중력으로 끌어당기면 그 물체의 모양은 둥글게 되는 거랍니다.

달력이 우주 과학의 결정체인가요?

달력은 우리 생활에 없어서는 안 되는 생활필수품이라고 해도 과언이 아니에요. 특히 농업을 하는 사람들에게는 이 달력이 더욱 중요하지요.

이렇게 중요한 달력을 만드는 데에 기초가 되는 것이 태양과 달과 별의 움직임이랍니다. 그래서 달력은 우주와 인간이 먼 옛날부터 매우 깊은 관계에 있었다는 것을 보여 주는 증거이기도 해요. 천체의 움

직임을 살피는 일은 인류 문화와 함께 시작됐다고 해도 될 거예요.

그럼 달력을 최초로 만든 사람은 누구일까요? 바로 기원전 4000년 경에 1년을 365일로 하는 달력을 만든 이집트 사람이에요. 이집트 사람들이 만든 달력은 태양을 기준으로 했기 때문에 '태양력'이라고도 부르지요. 해와 달과 별이 움직이는 것을 아주 오래, 꼼꼼하게 지켜보고, 그 속에서 질서와 규칙을 찾아냈답니다.

영국의 월트셔 주 솔즈베리 서쪽에 가면 '스톤헨지'라고 하는 거대한 돌기둥이 있어요. 스톤헨지는 기원전 2800년에서 기원전 1500년 사이에 세워진 것으로 추정되는 고대 유물이랍니다.

돌처럼 쌓아 올려 동심원을 그리며 길게 늘어선 형태의 스톤헨지는 기원전, 태양과 달의 운동을 살피는 데 사용되었던 것으로 알려져 있어요.

하루는
지구의 자전 주기로
하루에 한 바퀴를 돌며
낮과 밤을 만들고

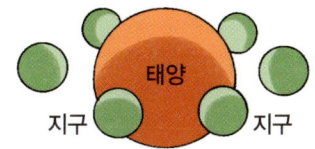

지구는 스스로 자전하며
태양 주위를 공전해요.

일 년은
지구가 태양의 주위를
돌아가는 공전 주기로
태양을 한 바퀴 도는 데
365일이 걸리며 계절의
변화가 생기고

달은 지구 주위를 공전하지만
스스로 자전하지는 않아요.

한 달은 달이
지구의 주위를 돌아가는
공전 주기로
약 29.5일이 걸리며
달의 차고
이지러짐이 생겨요.

⬆ 〈스톤헨지〉

제 2장

태양계 이야기

빅뱅 후에 우주가 생겼다면 우주의 모든 것, 그러니까 태양과 지구, 금성, 목성 등이 한꺼번에 '짜잔~' 하고 나타났을까요? 아니요. 그렇지가 않답니다.

태양은 빅뱅이 일어난 후 많은 시간이 흐른 뒤에 생겨났어요. 그렇지 않았다면 오늘날 우리는 존재하지 않았을 거예요. 왜냐하면 지구와 그 속에 사는 모든 생명체를 비롯해 우리 인간의 몸을 구성하는 많은 화학 원소는 결코 우주와 함께 만들어지지 않았기 때문이지요.

태양은 빅뱅 직후에 태어났나요? 중에서

태양계는 어떤 가족으로 이루어져 있나요?

태양계는 태양과 그 주위를 도는 천체들의 모임을 말해요. 태양의 주위에는 여덟 개의 행성과 소행성, 혜성, 유성 등이 돌고 있는데요. 행성 중에는 지구의 달처럼 위성을 가지고 있는 것도 있지요.

행성들은 각각의 통로를 따라 같은 방향으로 돌고 있어요. 우주선을 타고 지구를 출발하여 태양을 향해 가면 제일 먼저 금성, 다음에 수성을 만나게 된답니다. 그리고 태양과 반대 방향으로 나아가면 화성, 목성, 토성, 천왕성, 해왕성을 만나게 돼요. 그러니까 태양에서 가까운 차례대로 하면 수성·금성·화성·목성·토성·천왕성·해왕성이 되지요.

여덟 행성 중 우리가 사는 지구를 기준으로 안쪽 궤도를 도는 수성, 금성을 내행성이라고 부르고, 바깥쪽 궤도를 도는 화성, 목성, 토성,

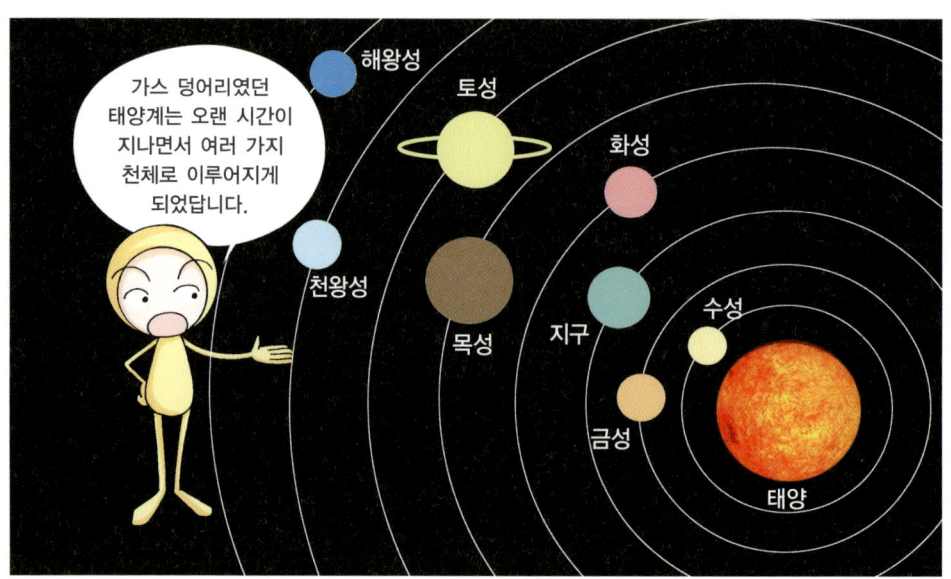

가스 덩어리였던 태양계는 오랜 시간이 지나면서 여러 가지 천체로 이루어지게 되었답니다.

천왕성, 해왕성을 외행성이라고 해요.
또 수성, 금성, 지구, 화성같이 표면이 딱딱한 것은 지구형 행성이라고 부르고, 목성, 토성, 천왕성, 해왕성처럼 표면이 가스로 된 것은 목성형 행성이라고 한답니다.

태양계 범위는 어디까지인가요?

 '태양계의 끝이 어디인가?' 라는 질문에 대한 답은 시대마다 달랐어요. 최근 몇 년 전까지만 해도 천문학자들은 명왕성을 태양계의 가장 바깥으로 여겼어요. 그러나 현재는 명왕성이 소행성 134340이 되었답니다.

 오늘날 태양계의 범위는 훨씬 더 넓어졌답니다. 더 멀리 떨어진 곳에서 과거에 태양계가 탄생했던 그 가스 구름과 먼지구름의 '잔재'가 발견되었기 때문이지요. 특히 명왕성 궤도 바깥에 있는 고리 형태의 '카이퍼 벨트'가 발견되면서 명왕성의 태양계 존속 여부가 문제로 떠올랐어요.

 명왕성을 행성으로 계속 두려면 이 카이퍼 벨트 천체들도 모두 행성으로 인정해야 했어요. 그래서 국제천문연맹에서는 한 가지 조건을 추가했지요. 그것은 바로 해당 구역에서 가장 지배적인 천체여야 한다는 것이었고 명왕성은 그 조건에 부적합하여 소행성이 되었답니다.

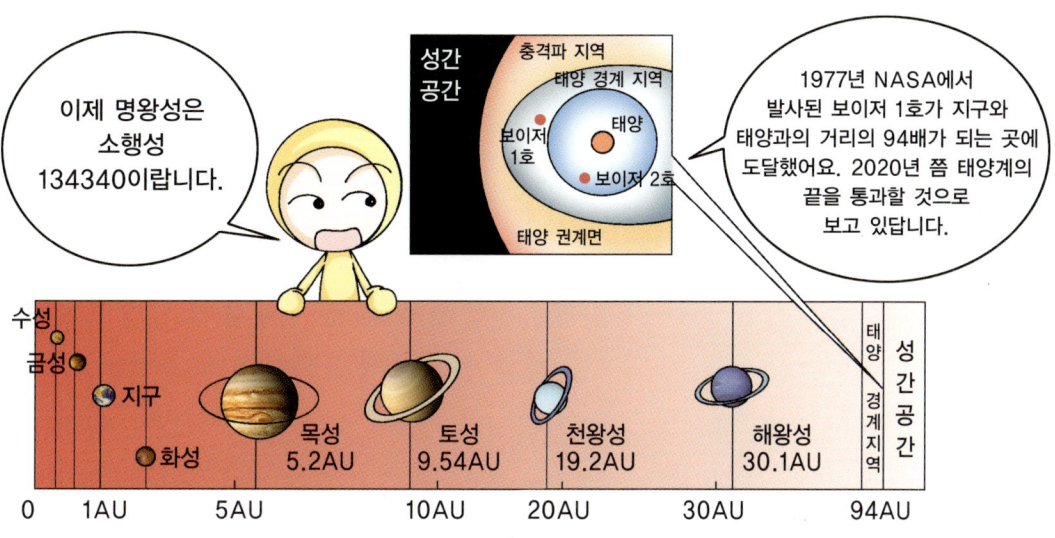

IAU는 태양과 지구 사이의 거리로 약 1억 5,000만km예요.

소행성이라고 해서 다 작은 것은 아니에요. 최소 3만 5,000개는 그 지름이 100킬로미터 이상으로 보이며, 심지어 몇몇 개는 1,000킬로미터가 넘는 것도 있지요. 그중에서 고유한 이름을 가지고 있으면서 가장 멀리 있는 천체로 2004년에 발견된 소행성 세드나가 있어요. 이 소행성은 현재 태양에서 약 90AU 떨어져서 자신의 궤도를 돌고 있답니다. 그리고 1만 2,000년에 한 번씩 태양의 주위를 돈다고 해요.

태양은 빅뱅 직후에 태어났나요?

빅뱅 후에 우주가 생겼다면 우주의 모든 것, 그러니까 태양과 금성, 지구, 목성 등이 한꺼번에 '짜잔~' 하고 나타났을까요? 아니요. 그렇지가 않답니다.

태양은 빅뱅이 일어난 후 많은 시간이 흐른 뒤에 생겨났어요. 그렇지 않았다면 오늘날 우리는 존재하지 않았을 거예요. 왜냐하면 지구와 그 속에 사는 모든 생명체를 비롯해 우리 인간의 몸을 구성하는 많은 화학 원소는 결코 우주와 함께 만들어지지 않았기 때문이지요. 약 137억 년 전의 원시 우주는 실질적으로 수소와 헬륨만 지니고 있었고, 탄소와 산소, 질소, 규소, 황, 철 등이 아직 만들어지지 않았어요.

그러나 그 후 약 1억 년에서 4억 년 후에는 별이 만들어지기 시작했어요. 별의 핵 안에서 핵융합 과정이 일어나고 작은 원자핵들이 더 큰 원자핵으로 모습을 바꿨어요. 이때 방출되는 에너지가 별을 밝히게 됐지요. 질량이 큰 별에서는 수백만 년이 흐르면서 철 같은 무거운 원소들을 만들어 냈답니다.

> 별이 만들어지기까지는 오랜 시간과 여러 과정을 거치게 되는데 이러한 별의 재료가 되는 성운은 주로 수소와 헬륨으로 이루어져 있어요.

> 수소와 헬륨은 우주에서 가장 단순하고 가벼운 물질!

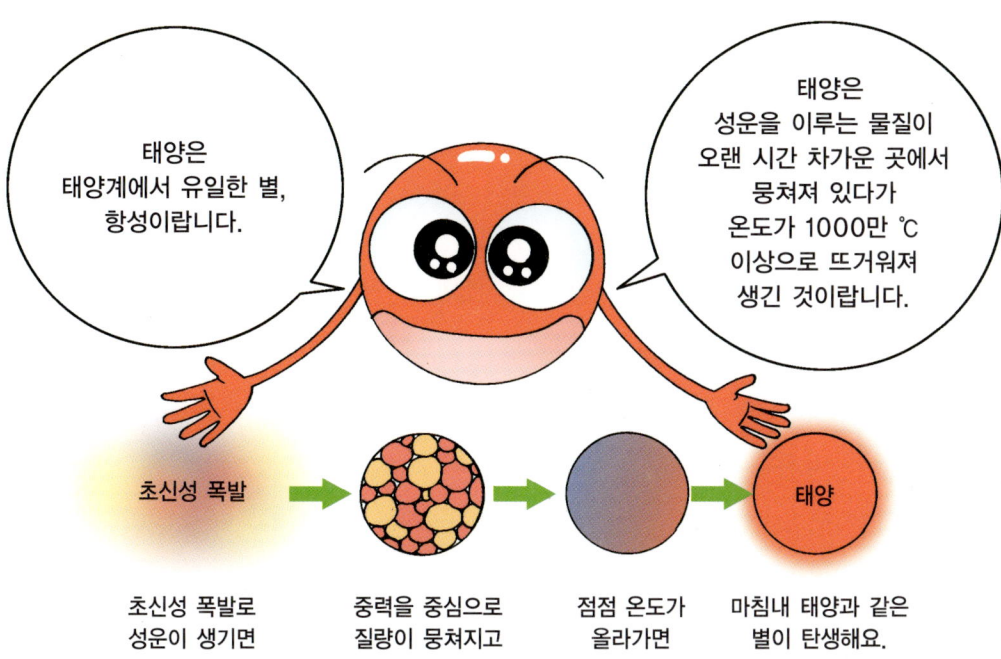

　질량이 큰 별은 핵융합을 위해 필요한 원자핵을 모두 다 소비하면 엄청난 폭발과 함께 최후를 맞게 돼요. 그러면 이 별은 며칠 동안 한 은하의 모든 별을 다 합한 것보다 더 환한 빛을 내지요. 또한 수십억 도에 이르는 대폭발의 뜨거운 불 속에서 무거운 원소들이 형성되고 먼지구름의 형태로 우주에 분산돼요. 이 먼지구름에서 새로운 별이 탄생하게 된답니다.

　이러한 별의 폭발을 초신성이라고 부르는데요. 초신성은 별 사이에 있는 먼지를 무거운 원소들로 농축시키는데, 바로 그러한 먼지구름 중의 하나에서 태양과 그 행성들이 형성되었다고 해요. 이런 일이 일어난 것은 46억 년 전이고, 우주가 약 90억 년의 나이가 되었을 때랍니다.

태양 에너지는 어디에서 생겨나나요?

태양은 스스로 빛을 내는 천체로, 빛과 열을 내어 지구의 인간을 비롯하여 모든 생명의 근원이 되고 있어요. 다른 별에 비해 가까운 곳에 있기 때문에 강하게 빛나 보이지요.

태양의 지름은 139만 킬로미터로, 지구 지름의 약 109배(지구의 지름은 12,700킬로미터)나 된답니다. 부피로 따지면 지구의 133만 배예요. 즉 태양을 큰 주머니로 생각하고 지구를 찹쌀떡이라고 한다면, 태양주머니에 지구 찹쌀떡을 133만 개를 넣을 수 있다는 이야기지요.

맑은 날일 경우 하루의 기온 변화를 살펴보면, 아침에 가장 낮고, 해가 떠오를 때 따라 오르기 시작해서 정오가 지나면 가장 높아져요. 그리고 태양이 서쪽으로 기울어지면 기온이 낮아지기 시작해서, 밤이 되면 급격히 떨어진다고 해요.

왜 그렇게 되는 걸까요? 태양이 뜨니까 기온이 높아지는 건 당연하지요. 하지만 그런 사실을 당연한 것으로만 받아들이지 말고, 한번 잘 생각해 보세요.

태양이 뜨면 따뜻해진다. 어때요. 굉장한 일이 아닌가요?

겨울에 우리는 난방 기구를 이용해서 방을 따뜻하게 데우는데, 이때 작은 난로 하나만 가지고 큰 방

뭉쳐진 성운의 중심의 온도가 1000만 °C를 넘게 되면 성운의 주성분인 수소를 이용하여

빛을 만드는데, 이러한 과정을 '핵융합 반응' 이라고 해요.

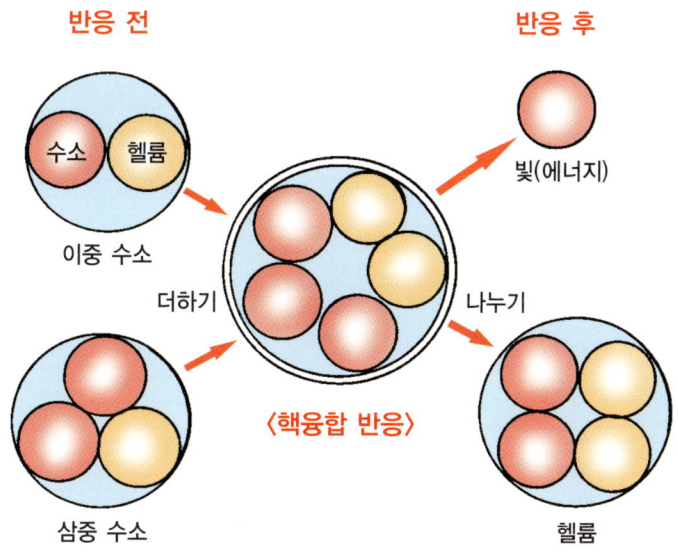

이중 수소와 삼중 수소가 핵융합을 하면 헬륨과 빛(에너지)이 만들어진답니다.

을 따뜻하게 데운다고 생각해 보세요.

무척 오랜 시간이 걸리겠지요?

마찬가지로 난로를 가지고 지구의 공기를 데운다고 생각해 보세요. 아무리 큰 난로라 해도 불가능한 일일 거예요. 그런데 태양이 떠오르면 지구가 따뜻하게 되죠. 태양으로부터 얼마나 큰 에너지가 지구로 쏟아져 내려오는지 이제 상상할 수 있나요?

이처럼 태양의 에너지는 어디서 어떻게 생기는 것일까요?

태양은 아직 젊은 별로, 수소가 굉장히 많이 있어요. 그 수소가 수소 폭탄과 같은 원자핵 반응을 일으켜 어마어마한 에너지를 내고 있는 것이지요.

태양의 중심부에서는 수소가 헬륨으로 바뀌는 3단계의 원자핵 반응이 끊임없이 일어나고 있어서, 1,500만 도씨의 높은 온도를 내고 있어요. 수소의 원자핵끼리 서로 부딪쳐 헬륨의 원자핵으로 변할 때 에너지가 나오는 것이랍니다.

태양의 빛은 영원한가요?

태양은 탄생할 당시에 약 75%의 수소로 구성돼 있었고, 약 25%의 헬륨이 섞여 있었어요. 태양의 외부 대기층에서는 이런 구성 비율이 오늘날까지도 유지되고 있지요. 그러나 태양의 중심부에선 이미 대부분의 수소가 변화를 일으켰고 헬륨의 비율이 50%로 상승했다고 해요. 그러면 태양은 언제쯤 수소를 모두 써 버릴까요?

태양은 지금까지 수소를 헬륨으로 변화시키는 핵반응으로 에너지를 만들어 냈어요. 그에 따라 태양의 중심에는 헬륨이 계속해서 쌓이게 되었고, 그와 함께 온도가 점점 올라가게 된 것이지요.

그리하여 약 50억 년이 지난 후를 다음과 같이 추측한답니다.

태양이 처음에 가지고 있던 수소의 10분의 1 정도가 헬륨으로 바뀌는데, 이 때 태양이 갑자기 변하게 돼요. 중심에 헬륨의 재가 많이 쌓여서 핵 반응이 핵의 주변에서 일어나게 되고, 따라서 태양의 부피가 불어나게 되는 것이지요.

세상에 영원한 것은 없듯이 태양도 수소를 다 사용해 버리면 사라지게 된답니다. 물론 50억 년 뒤의 일이지만요.

◀ 태양은 꾸준히 핵융합 반응을 하여 오랫동안 빛을 낸답니다.

◀ 땔감으로 사용할 수소가 떨어지면 붉은색으로 부풀게 되어

◀ 커다란 적색거성이 되었다가

◀ 청백색을 띄는 백색왜성으로 변하여 천천히 식어 일생을 마감해요.

태양의 부피는 점점 커져, 현재의 약 100배까지 커지고, 적색거성(중심부의 수소를 다 쓰고 헬륨을 태우고 있는 별. 헬륨을 태우는 과정에서 밖으로 압력이 가해져 별의 크기가 처음의 수십 배로 커진다. 표면 온도는 낮아져서 붉은색을 띈다.)이 돼요.

태양이 적색거성이 되면 그만큼 많은 열이 지구로 쏟아지게 되고, 지구 표면 온도는 1,000도씨 이상으로 뜨거워진답니다. 그리고 태양은 나중에 원래 크기의 100분의 1로 줄어들어 백색왜성이 되고, 결국 다른 별처럼 사라져요. 그럼 모든 게 끝일까요? 그렇지는 않을 거예요. 죽은 태양은 또 다른 별을 만드는 재료가 될 테니까요.

태양에서 나타나는 흑점은 뭔가요?

천체 망원경으로 태양을 보면 그 표면에 검은 얼룩 같은 점이 보여요. 이것이 바로 흑점이랍니다. 때로는 눈으로도 태양의 작은 흑점을 볼 수가 있어요.

2,000년 전, 중국에서는 이 '흑점'을 관측했다는 기록이 남아 있어요. '태양은 붉은색이었고, 불같았다. 태양 내에 세 개의 다리가 있는 까마귀가 있었고, 그 모양은 뚜렷하고 분명했다.' 여기서 까마귀가 흑점을 뜻한답니다.

천체 망원경으로 매일 태양을 관찰하고 있노라면 흑점이 여러 가지 크기로 나타나는데, 아주 작은 것에서부터 한가운데가 새까맣고 그 주위를 거무스름한 것이 둘러싸고 있는 큰 것도 있어요.

흑점은 끊임없이 그 모양과 크기가 변화하고, 크게 성장하다가 다시 작아져, 이윽고 사라져 버리게 되지요. 하루 만에 사라지는 것이 있는가 하면, 몇 달 동안 사라지지 않고 계속 유지되는 것도 있어요.

또한 태양이 약 27일에 1회 자전하는 탓에 태양의 동쪽 끝

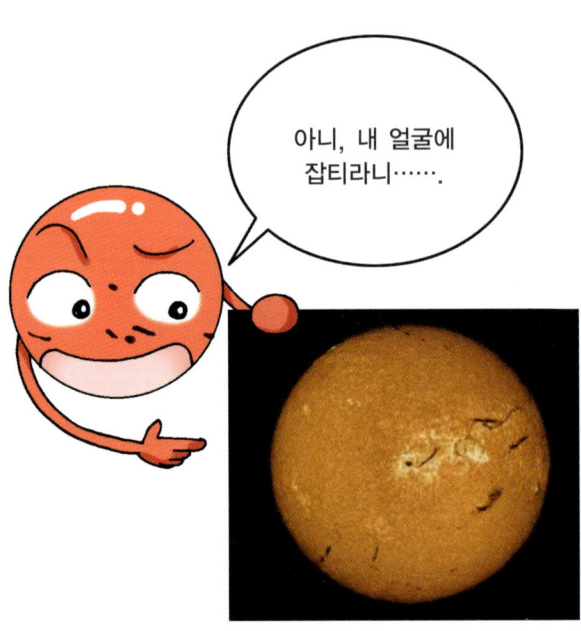

🔴 〈태양의 흑점〉

흑점은 태양의 온도가 낮은 부분이 비교적 어두워 보여서 생기는 현상입니다.

말풍선: 아니, 내 얼굴에 잡티라니…….

에 나타난 흑점은 점점 가운데로 옮겨 가다가, 마침내는 서쪽 끝으로 사라져 보이지 않게 돼요. 수명이 긴 흑점은 다시 2주가 지나면 동쪽 끝에 나타나지요. 갈릴레이는 흑점이 이동하는 모습을 통해 태양이 자전하고 있다는 사실을 알아냈어요.

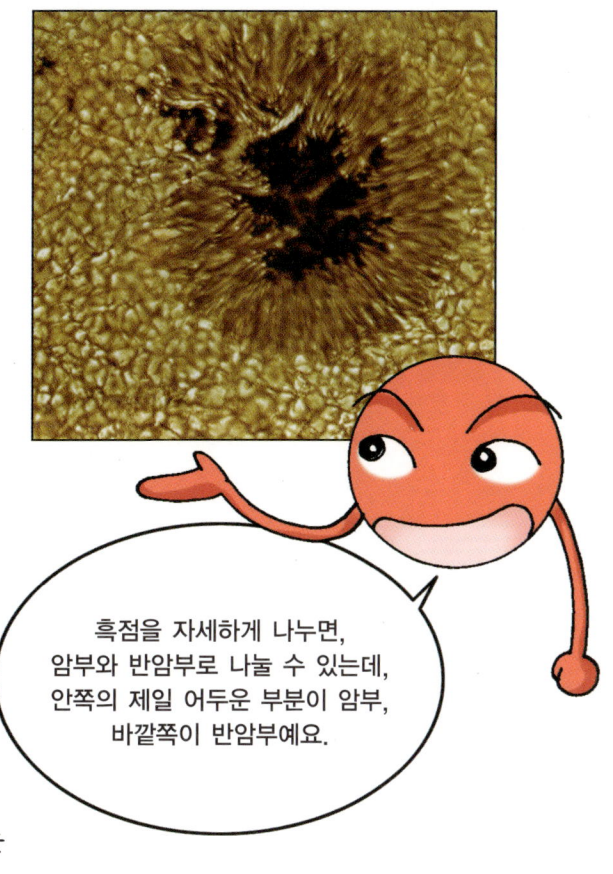

그렇다면 이 흑점의 정체는 무엇일까요? 흑점은 사실 태양의 표면 중 주위보다 온도가 낮은 곳이랍니다.

흑점을 자세하게 나누면, 암부와 반암부로 나눌 수 있는데, 안쪽의 제일 어두운 부분이 암부, 바깥쪽이 반암부예요.

태양의 표면 온도는 약 6,000도씨인데, 흑점의 온도는 약 4,000도씨로 낮은 편이며, 주위보다 덜 빛나기 때문에 어두워 보이는 거예요.

오늘날에도 태양의 흑점은 여전히 신비한 존재예요. 흑점과 연관된 모든 현상을 다 설명할 수는 없거든요. 단지 태양의 특정 지점에서 강력한 자기장이 형성되면서 에너지가 전달되는 대류 과정이 잘 일어나지 못해 생기는 거라고 보고 있어요.

햇빛은 하얀색인가요?

우리가 태양에 대해 가장 잘 알고 있는 것은 태양으로부터 빛을 받고 있다는 것일 텐데요. 투명한 햇살이라는 표현처럼 우리 눈에 보이는 햇빛은 하얀색을 띠고 있어요. 그런데 눈에 보이는 것과 달리 햇빛 안에는 여러 가지 빛깔이 들어 있답니다.

그러면 여기서는 그 빛이 어떤 것인지를 살펴볼까요?

우선 햇빛은 가장 순수한 광선인 백색광이라고 할 수 있어요. 태양으로부터 순수한 광선이 나온다는 것은 어찌 보면 너무나 당연한 일이지요.

 그러나 태양 빛을 수천, 수만 가지 색의 스펙트럼으로 상세히 조사해 보면, 햇빛은 순수한 광선이 아니라 여러 가지 빛이 섞여 있다는 사실을 알 수 있답니다. 여러 색의 빛이 우리의 눈에는 보통의 빛, 백색광으로만 보이는 것이지요.

낮에는 왜 별이 안 보이나요?

별빛보다 햇빛이 더 강하니까 낮에는 내 모습이 보이지 않는 거야.

강한 빛을 갖고 태어난 걸 어쩌라고? 억울하면 다시 태어나든지.

낮에는 태양만 밝게 빛날 뿐 밤하늘의 달과 별은 보이지 않아요. 까만 밤을 밝게 빛내던 달과 수많은 별은 어디로 숨어 버린 걸까요? 태양이 너무 밝아서 보이지 않는 건 아닐까요?

많은 친구가 이런 궁금증을 가질 거예요. 낮에도 분명 별은 있답니다. 단지 태양이 더 강한 빛으로 별빛을 잃게 만들기 때문에 우리가 볼 수 없을 뿐이에요.

대기에 있는 공기 입자들이 태양 빛을 산란시켜서 태양의 빛을 모았다가 모든 방향으로 골고루 산란시켜요. 그렇게 해서 태양 빛이 온 하늘에 퍼지게 되는 거예요. 그 덕분에 지구의 낮은 너무 밝지도 어둡

지도 않게 되어, 우리에게 좋은 환경이 된답니다.

그러나 공기 입자에 의해 산란된 빛은 보통의 약한 별빛을 잃게 만들어요. 그래서 달조차 낮에는 희미하게 보이는 것이지요. 아침이나 새벽녘, 혹은 노을이 질 무렵, 햇빛이 그렇게 강하지 않을 때는 밝게 빛나는 별을 볼 수 있답니다.

태양은 은하계의 중심에 있나요?

지구는 태양을 중심으로 돌지요. 그래서 우리에게는 '우주의 중심은 태양이다.' 라는 인식이 강해요. 그런데 정말로 태양이 전체 은하계의 중심일까요? 정답은 '전혀 그렇지 않다.' 랍니다.

천문학이라는 학문은 우리 인간에게 믿기지 않는 새로운 사실을 알려 주지요. 천문학은 지구를 우주의 중심에서 밀어냈고, 태양을 단지 은하계에 있는 수많은 별 중의 하나로 만들었어요. 태양은 결코 은하계의 중

지구와 태양은 더 이상 우주의 중심이 아니란 말이야.

알아, 난 우주의 한 점에 지나지 않아.

지구

내가 태양계의 중심에 있는 건 맞지만 은하의 중심이 아닌 가장자리 부분이 내 자리라고.

태양

요기가 태양계

은하 중심

심에 있지 않으며 그 가장자리 부근 어딘가, 즉 중심으로부터 약 2만 6,000광년 떨어진 곳에 있다는 것을 증명해 낸 것이지요.

한편으로 우리는 지구가 은하계의 심장부에 있지 않은 것 역시 기뻐해야 할 거예요. 지구가 은하계의 심장부에 존재했다면 우리는 존재할 수 없기 때문이지요.

만약 태양과 지구가 은하의 중심에 있었다면……

우리 은하의 밝은 중심, 핵 부분은 대단히 소란스럽다고 해요. 여기서 질량이 큰 수많은 별이 빠른 속도로 만들어지기도 하고, 생명을 끝내는 폭발이 자주 일어나기도 하거든요. 이때 모든 행성에게 영향을 미치게 되는 것이지요.

또한 은하의 중심부에는 태양 질량의 약 260만 배에 이르는 블랙홀이 있어요. 이 블랙홀이 주변의 물질을 삼키면 엄청난 양의 광선을 내보내게 된답니다.

따라서 지구와 태양이 우주의 중심부에 놓여 있지는 않다는 사실이 조금은 섭섭하지만, 그래도 이 소란스러움에서 벗어날 수 있으니 정말 다행이라고 할 수 있지요?

태양이 없어지면 어떻게 되나요?

만약에 태양이 없어졌다고 상상해 보세요. 우선 캄캄해지겠죠? '캄캄하면 전깃불을 켜면 되지.' 하는 생각은 잘못된 거예요. 전기를 일으키려면 물이 떨어지는 힘을 이용해야 하거든요. 그런데 태양이 없으면 땅바닥의 물이 수증기로 만들어지지 않고 비도 내리지 않기 때문에 물의 힘을 이용할 수 없답니다.

또한 석유나 석탄 등의 화석 연료도 태양 빛을 받고 자라난 생물이

> 태양은 큰 인력으로 태양계를 유지한답니다.

> 태양이 있기 때문에 지구의 모든 동식물이 살아가는 거예요.

> 흠흠, 내가 얼마나 대단한지 이제 알았지?

변해서 생긴 것이므로 태양이 없으면 석유나 석탄도 생기지 않을 거예요. 태양이 없다면 어두울 뿐만 아니라 세상이 온통 꽁꽁 얼어붙어 버리겠지요. 태양이 있기 때문에 우리가 사는 지구는 따뜻한 온도를 유지하고 있는 것이니까요.

태양이 비추는 각도에 따라 더운 곳과 추운 곳이 생기고 사계절도 만들어지는 거랍니다. 공기를 데워 바람을 불게 하고, 식물을 푸르게 자라나게도 하지요. 태양은 지구 위에서 살아가고 있는 모든 동식물의 근원이 되는 힘이랍니다. 그러므로 태양이 갑자기 사라져 버리면 정말 큰일 날 거예요.

그러나 그런 걱정은 할 필요가 없어요. 태양은 까마득한 옛날부터 계속 빛나고 있었고, 앞으로도 계속 빛날 테니까요.

달의 크기와 거리는 어떻게 되나요?

동요 가운데 '달 달 무슨 달 쟁반같이 둥근달, 어디 어디 떴나 남산 위에 떴지' 라는 노래가 있지요.

혹시 이 노래를 부르면서 달은 쟁반처럼 둥그니까 그 크기도 쟁반만하지 않을까? 하는 생각을 한 적은 없나요?

자, 그럼 실제 달의 크기는 어떤지 그리고 지구에서 달까지의 거리는 어떻게 되는지 살펴봅시다.

먼저 지구에서 달까지의 거리는 지구에서 태양까지 거리의 약 400분의 1, 대략 38만 4,000킬로미터 정도예요. 달의 실제 크기는 지름

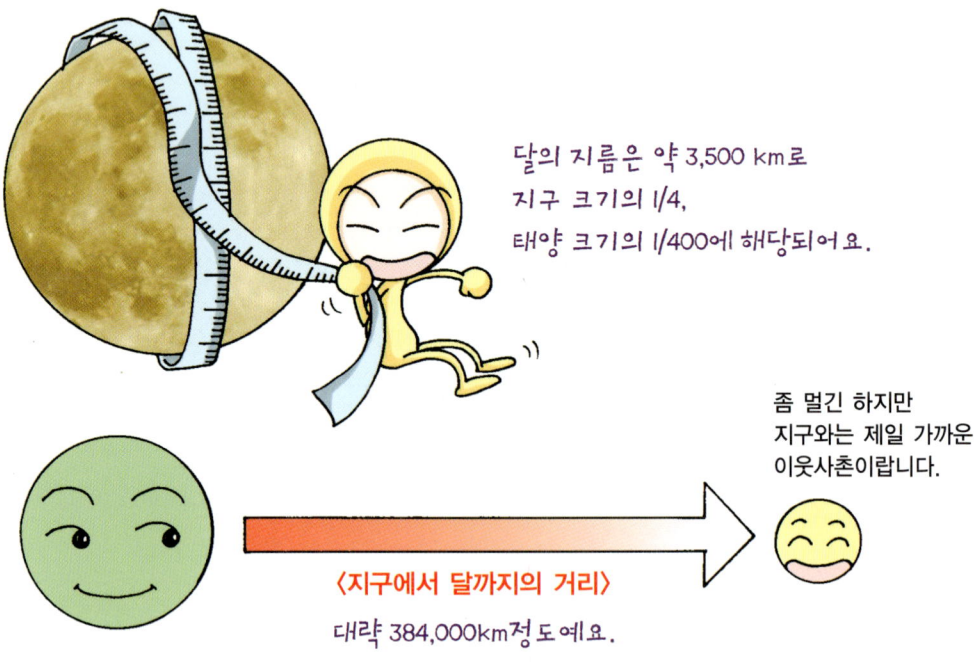

달의 지름은 약 3,500 km로 지구 크기의 1/4, 태양 크기의 1/400에 해당되어요.

좀 멀긴 하지만 지구와는 제일 가까운 이웃사촌이랍니다.

〈지구에서 달까지의 거리〉
대략 384,000km정도예요.

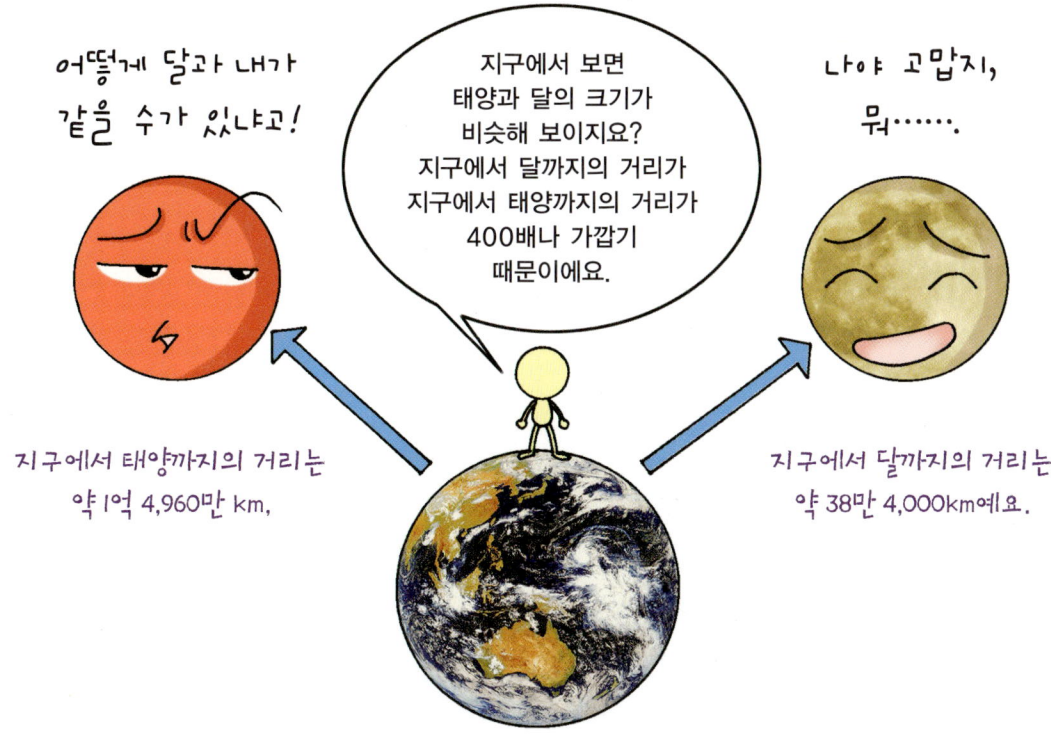

    이 약 3,500킬로미터로, 이는 지구 크기의 약 4분의 1에 해당돼요. 정확하게 말하자면, 달의 적도 지름은 3,476킬로미터랍니다.

    달은 지구에서 가장 가까운 천체로, 지구 둘레를 돌고 있어요. 이러한 천체를 '위성'이라고 부른답니다. 태양계의 다른 위성과 비교하면 달은 다섯 번째로 크기가 큰 위성이에요.

    달의 질량을 킬로그램으로 나타내면 7 뒤에 0이 22개나 붙어요. 이는 지구 질량의 약 81분의 1에 해당하지요. 또한 표면에서의 중력의 세기는 지구의 약 6분의 1이므로, 지구에서 몸무게가 60킬로그램인 사람은, 달에서 10킬로그램이 된답니다. 혹시 뚱뚱한 몸 때문에 고민인 친구들은 달에서라면 아무런 고민이 없을지도 모르겠네요.

 달에서는 인간이 살 수 없나요?

45억 년을 지구의 동반자로 밤하늘을 밝혀 주던 달은 동서양의 모든 사람에게 신비한 마음을 가지게 했어요. 그래서 동양 사람들은 달에 계수나무가 있고, 그 밑에서 옥토끼가 떡 방아를 찧고 있다고 생각했지요.

달의 신비는 이미 예전에 밝혀졌어요. 1969년 7월 16일에 아폴로 11호가 최초로 달을 밟게 되는 우주 비행사를 싣고 성공적으로 '케이프 케네디' 기지를 출발했답니다. 이것이 유명한 '아폴로' 계획이에요.

달에 착륙한 아폴로 11호에서 두 명의 우주 비행사가 나와 인류 최초의 발자국을 달 표면에 남겼어요. 그들의 이름은 '암스트롱'과 '올브린'이지요. 그 후로 아폴로 12, 14, 15, 16, 17호도 달 착륙에 성공해서 달에 발자국을 찍은 우주 비행사는 12명이 되었어요.

그동안 사람들은 '달에서 사람이 살 수 있을까?' 하는 꿈을 꿨었는

데요. 아폴로 계획을 통해 밝혀진 바로는 달에서는 인간이 도저히 살 수 없다는 결론이 나왔답니다. 달에는 공기가 없기 때문이지요. 공기가 없는 달에서는 언제나 하늘이 검게 보여요. 게다가 달에는 아무리 찾아보아도 물이 없어요. 물이 없는 곳에서는 당연히 사람은 살 수 없답니다.

달 표면에 보이는 사람 얼굴은 무엇인가요?

달을 주제로 내가 지은 시야. 잘 들어 봐.

산토끼 토끼야 어디를 가느냐
달토끼 만나러
달구경 간단다.

어디서 많이 들은 것 같기도 하고……. 흠……. 달에 토끼가 산다고……?

    태양과 마찬가지로 달도 여러 분야에서 영감을 불러일으키는 소재로 쓰였어요. 그 규칙성과 아름다움은 신화와 종교, 시, 예술에서 사람들의 상상력을 풍부하게 자극했지요. 그래서 우리는 '달 속의 사람'이나 '옥토끼'를 상상했고, 외국에서는 '치즈로 만들어진 달'이라는 표현을 쓰며 다소 과장된 이야기를 지어내기도 했지요.

    최초로 달에 대한 기록을 남긴 민족은 바빌로니아 인이에요. 그들의 천지 창조 이야기에 따르면, 태양과 달은 동시에 태어났다고 해요. 중앙아메리카의 일부 문명에서도 같은 생각을 했어요. 바빌로니아 인은 기울었다, 찼다 하며 위상이 규칙적으로 변하는 달을 완전한 생명

○ 〈크레이터 : 달 표면의 크고 작은 구멍들〉

달의 표면엔 크고 작은 구멍들이 있는데 태양 빛의 반사에 의해 여러 모양의 그림자가 만들어진답니다.

으로 보았답니다.

달과 지구는 서로 얼굴을 마주 보면서 영원히 빙빙 도는 춤을 추고 있어요. 그래서 지구에서 볼 때에는 항상 달의 앞면만 볼 수 있고, 뒷면은 볼 수 없어요. 사람들이 달에서 사람의 얼굴을 보았다거나, 옥토끼를 보았다고 하는 것은 달의 표면의 지형에 태양 빛이 반사되어 여러 모양의 그림자가 만들어지기 때문이랍니다.

○ 〈달의 표면〉

달은 태양 빛을 반사해서 지구에 그 모습을 보여 주고 있어요. 태양 빛을 어느 쪽에서 반사하는지, 어느 위치에서 달과 지구와 태양이 배치되어 있는지에 따라서 보름달, 반달, 초승달 등으로 다르게 보이는 것이지요.

일식과 월식은 왜 일어나나요?

 옛날엔 하늘에서 태양이 검게 변하면, 신이 화를 내고 있다든가 재앙이 내린다고 하여 몹시 두려워했어요. 그러나 오늘날에는 자연스러운 천체 현상의 하나로 알고 있지요.

 일식이나 월식은 태양, 달, 지구가 일직선 상에 나란히 설 때에 일어나는 천체 현상이에요. 달이 태양과 지구 사이에 들어와서 태양의 표면을 덮으면 태양이 이지러져 보여요. 그 현상을 '일식'이라고 해요. 그리고 태양과 달 사이에 지구가 들어가 지구의 그림자 속에 달이 들어가면 달이 어두워지는데 그 현상을 '월식'이라고 하지요.

 이렇듯 한 개의 천체가 다른 천체에 가려서 안 보이게 되는 것을 통틀어 '식'이라고 한답니다. 그러면 검게 가리운 태양과 검붉은 달은 언제 볼 수 있는 현상일까요?

 달은 지구 주위를 약 한 달에 한 번 도는데요. 그렇다면 일식이나

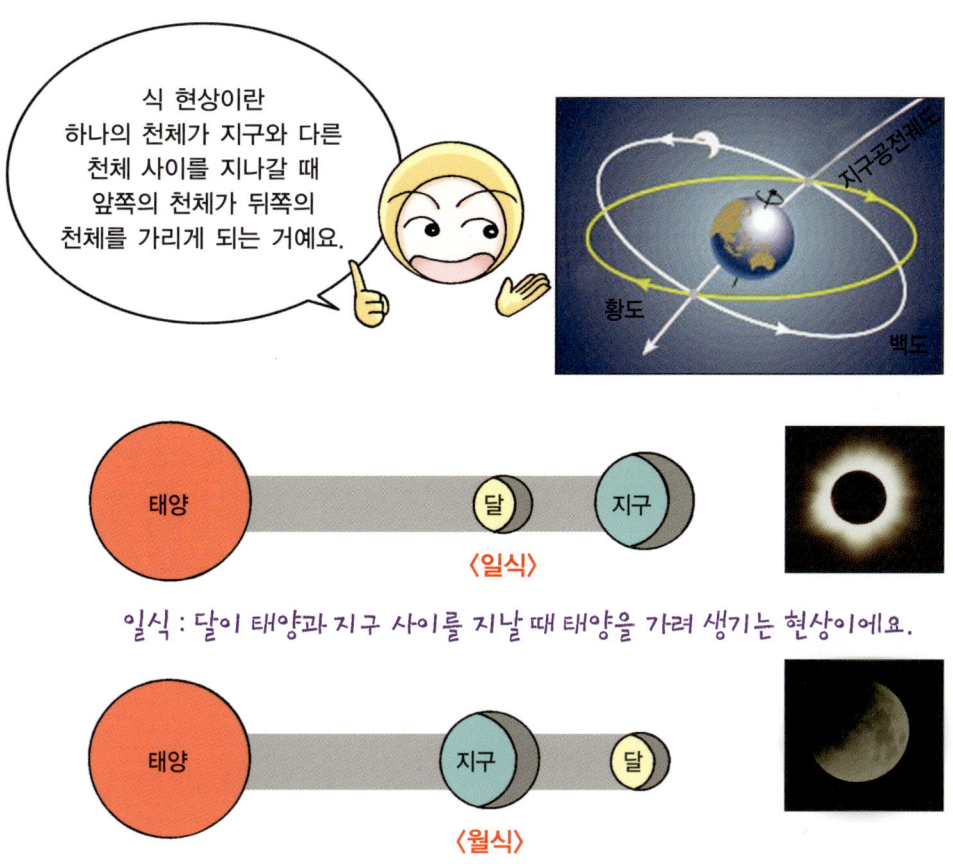

식 현상이란 하나의 천체가 지구와 다른 천체 사이를 지나갈 때 앞쪽의 천체가 뒤쪽의 천체를 가리게 되는 거예요.

일식 : 달이 태양과 지구 사이를 지날 때 태양을 가려 생기는 현상이에요.

월식 : 달이 지구의 그림자 속을 지나갈 때 생기는 현상이에요.

월식은 한 달에 한 번씩 일어나야 하는데, 실제로는 그렇게 자주 볼 수 없답니다.

지구가 태양의 주위를 일 년 동안 지나는 길을 '황도'라 하고, 달이 지구의 주위를 한 달 동안 지나는 길을 '백도'라고 해요. 그런데 이 황도와 백도가 사실은 약 6도 정도 어긋나 있어요. 그래서 황도와 백도가 교차하는 지점으로 달이 오게 되면, 그때에 비로소 일식과 월식이 일어나는 거지요.

따라서 일식이나 월식은 우리가 생각하는 것처럼 자주 나타날 수 없는 거랍니다.

밀물과 썰물은 달 때문에 생기나요?

바닷물은 하루 두 번씩 주기적으로 수위가 낮아지는 간조와
수위가 높아지는 만조를 반복하며 순환 작용을 해요.

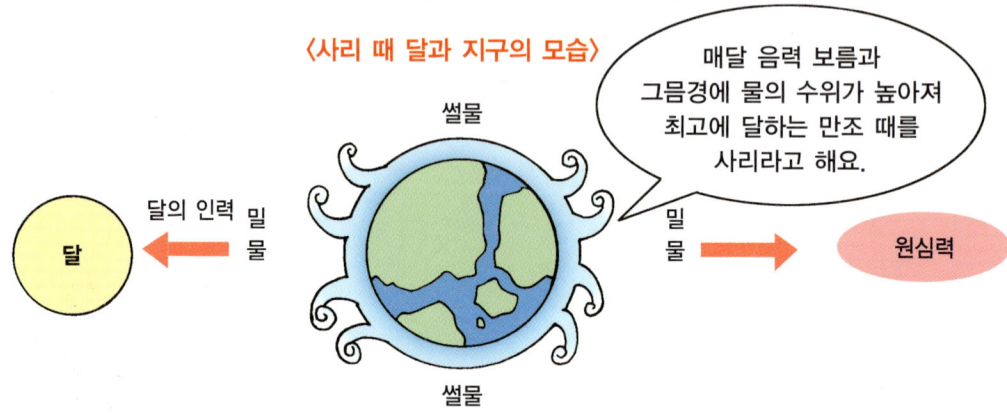

〈사리 때 달과 지구의 모습〉

매달 음력 보름과 그믐경에 물의 수위가 높아져 최고에 달하는 만조 때를 사리라고 해요.

달과 가까운 쪽은 달의 인력 때문에 바닷물의 수위가 올라가고
반대쪽은 달과 지구가 회전하는 원심력 때문에 바닷물의 수위가 올라가요.

    밀물과 썰물은 주로 달의 인력(공간적으로 떨어진 물체끼리 서로 끌어당기는 힘)과 원심력으로 일어나요.

    즉, 달과 지구가 회전 운동을 할 때 생기는 것으로 지구로부터 벗어나려는 힘에 의해서 발생한답니다.

    달 쪽에 있는 바닷물이 달이 끌어당기는 힘으로 부풀어 오를 때, 반대편 지구 쪽의 바닷물은 원심력에 의해서 부풀어 올라요.

    그렇게 때문에 지구의 양쪽으로 바닷물이 모여 '만조'가 되고, 그 중간에서는 바닷물이 줄어 '간조'가 되는 거랍니다. 지표상에서 보면

바닷물이 밀려 들어와 바다의 수면이 높아진 상태를 '만조'라 하고, 바닷물이 빠져나가 바다의 수면이 낮아진 상태를 '간조'라고 불러요.

지구는 하루에 한 번 자전하므로, 한 지점에서 보면 밀물과 썰물은 하루에 두 번씩 일어나게 되지요.

⬆ 〈밀물 때의 모습〉

⬆ 〈썰물 때의 모습〉

정월 대보름에 뜨는 보름달이 달 중에서 가장 큰가요?

실제로 달의 크기는 변함이 없지만 때와 장소에 따라서 그 크기가 달리 보이는 것뿐이에요.

〈달〉

달은 하늘에 보이는 천체 중 날마다 모습을 바꾸는 유일한 천체예요.

외국에 나가서 밤하늘에 떠 있는 달을 보면 우리나라의 정월 대보름달보다 달이 더 크게 보이는 곳도 있어요. 어떻게 이런 일이 가능할까요?

그것은 달의 실제 크기는 변함이 없지만 때와 장소에 따라서 그 크기가 달리 보이기 때문이랍니다.

달은 지구를 중심으로 타원 궤도를 따라 돌면서 가까워졌다 멀어졌다 해요. 쌍안경이나 천체 망원경을 이용하면 더 멋있는 달의 모습을 볼 수가 있어요. 특히 반달이 되기 전후에 달의 가장자리 부분을 살펴보면 동글동글한 크레이터의 모습이 아주 잘 드러나지요. 이외에도

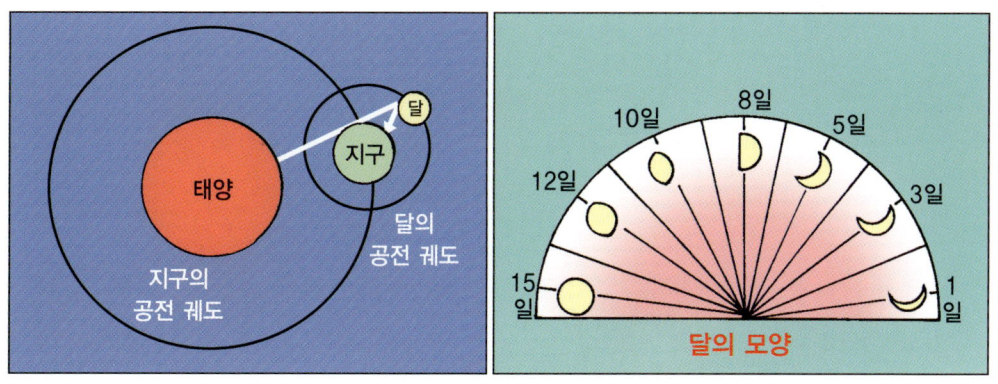

달이 지구 주위를 돌기 때문에
태양이 지구 뒤쪽에서 달을 비출 때는 동그란 보름달로 보여요.
하지만 달의 위치가 달라지면 태양이 비치는 모든 부분을 다 볼 수가 없기 때문에
반달이나 초승달로도 보이는 것이지요.

여러 모양의 줄무늬나 산맥, 계곡, 절벽 등도 관찰할 수 있어요. 달은 하늘에 늘 보이는 천체 중에서 날마다 그 모습을 바꾸는 유일한 천체랍니다.

음력 초순에 달은 해가 지자마자 서쪽 하늘 낮은 곳에서 눈썹 모양으로 나타나요. 그리고 매일 같은 시간에 살펴보면 날이 갈수록 동쪽으로 조금씩 이동하면서 달이 차기 시작해요. 눈썹 모양의 달이 나타난 지 한 주 후에는 반원 모양이 되고, 다시 약 일주일이 지나면 이번에는 동그란 달이 돼요. 그리고 이때부터는 모습이 작아지기 시작하면서 일주일 후에는 다시 반대 모양으로 반원 모양이 되고, 또 한 주가 지나면 아주 가는 눈썹달이 되어 해가 뜨기 직전에 동쪽 하늘에 걸리게 되지요.

그래서 우리는 오늘날에도 서쪽 하늘의 눈썹달을 새로 생겼다는 뜻에서 '초승달'이라 부르고, 한 달쯤 뒤 동쪽 하늘에서 보이는 눈썹달을 사라져 간다는 뜻에서 '그믐달'이라 부르고 있어요. 그리고 중간의 둥그런 달을 '만월' 또는 '보름달'이라고 부른답니다.

달의 크레이터는 왜 생긴 건가요?

크레이터는 쌍안경이나 천체 망원경으로 달 표면을 관측하면 발견할 수 있어요.

지름이 200킬로미터가 넘는 커다란 것에서부터 지름이 불과 몇 킬로미터밖에 되지 않아 망원경으로 겨우 보이는 작은 것에 이르기까지, 달 전체에 수만 개가 있답니다.

뿐만 아니라 철학자나 과학자, 천문학자의 이름에서 따온 각각의 이름이 붙어 있기도 하지요.

크레이터는 달에 커다란 운석이 충돌해서 생겨났어요. 커다란 운석이 지면에 떨어지면 충돌 에너지가 열이나 힘이 되어 폭발하고, 지면에 둥글게 움푹 팬 땅을 만들어요. 이것을 '운석공' 혹은 '크레이터'라고 부른답니다.

달 표면에 있는 크레이터의 대부분은 38억 년 전부터 오랜 세월에 걸쳐 만들어졌어요. 물론 그 이후에도 계속 운석이 충돌하여 크레이터를 만들고 있지만요. 새로운 크레이터는 그 가장자리 등이 아직 풍화되지 않고 분명한 모습을 지니고 있으며, 안에

△ 〈달 표면의 크레이터들〉

는 '광조'라 불리는 밝은 줄기가 크레이터로부터 부챗살처럼 펼쳐져 있기도 한답니다.

운석은 태양계의 모든 천체와 충돌할 수 있어요. 태양의 경우는 너무 뜨거운 나머지 운석 덩어리가 즉시 증발해 버리겠지만, 가장 안쪽에 있는 수성만 해도 우리의 달만큼이나 크레이터가 많답니다. 금성에는 크기가 큰 크레이터만 있고 크기가 작은 크레이터는 존재하지 않는 것으로 관측됐는데, 그 이유는 금성이 200기압의 대기로 둘러싸여 있기 때문이랍니다.

지구에도 운석과 충돌한 흔적인 크레이터가 있어요. 일부는 그 지름이 수백 킬로미터에 이르기도 한답니다. 이에 반해서 목성, 토성, 천왕성, 해왕성 같은 큰 행성은 표면이 가스 형태의 액체 상태라 운석이 부딪혔다 해도 크레이터를 유지할 수 없지요.

태양계에서 수성이 일교차가 제일 큰가요?

태양은 8개의 행성을 가지고 있지요?

그러나 우리가 눈으로 볼 수 있는 행성은 5개뿐이에요. 바로 수성, 금성, 화성, 목성, 토성이랍니다.

먼저 수성은 태양에 가장 가까이 있는 행성이에요. 따라서 지구에서 수성을 보려면 아주 부지런해야 해요. 태양 가까이 있는 수성은 뜨고 지는 시각이 태양과 비슷하기 때문이지요.

해가 진 직후에 서쪽 하늘을 보거나, 해가 뜨기 직전에 바로 동쪽 하늘을 보면 잠깐 볼 수 있어요. 수성은 이렇게 뜨고 지는 것이 빠르

머큐리, 비너스 등등

태양계의 행성들은 지구를 제외하고 그리스 로마 신화에 나오는 신들의 이름을 갖고 있어요.

수성은 태양의 8개의 행성 중 가장 빠른 공전 주기를 갖고 있기 때문에 로마의 신들 중에 가장 빠른 신의 이름인 '머큐리'란 이름을 갖게 된 것이에요.

○ 〈수성〉

수성은 태양계 행성 중 가장 작으며 항상 태양의 가장 가까운 곳에 있다 보니 태양이 지면 수성도 함께 저 버리기 때문에 지구에서는 수성을 관찰하기 매우 어렵답니다.

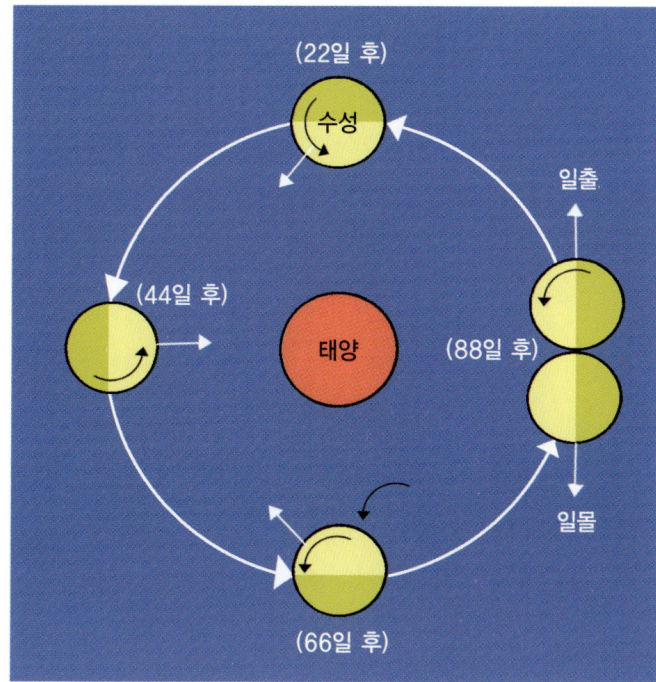

◆ 〈수성의 자전과 공전〉

수성이 태양을 한 바퀴(공전) 도는 시간은 약 88일(지구는 365일), 자전 주기는 약 59일(지구는 1일)이랍니다.

수성에서는 일출을 보자마자 즉시 일몰을 한번 보고 다시 일출을 본 다음에 태양이 서쪽으로 이동해요. 일몰 때도 이와 같은 현상이 일어난답니다.
(일출-일몰-일출)
(일몰-일출-일몰)

기 때문에, 수성을 그리스 신화에 나오는 발이 빠른 전령의 신 '헤르메스'의 별이라고 불렀어요. 로마 신화 속 이름을 따 '머큐리'라고도 해요.

수성은 대기가 없기 때문에 일교차(밤과 낮의 온도 차이)가 매우 크다고 해요. 무려 500도씨나 차이가 난다고 하니 대단하지요? 수성이 태양에 가깝기 때문에 지구보다 태양열을 7배나 많이 받아요.

게다가 수성은 자전 주기가 약 59일이나 되는데, 태양을 한 바퀴 도는 데에는 88일밖에 안 걸린답니다. 그래서 176일 동안 낮이 계속되고, 밤도 비슷하게 계속되어 온도 차이가 매우 커요. 낮의 표면 온도는 무려 430도씨에 이르고, 밤에는 영하 180도씨까지 떨어진답니다.

해와 달을 빼면 금성이 가장 밝나요?

옛날 사람들은 새벽녘의 금성(샛별)과
초저녁의 금성(개밥바라기)이 같은 천체라는 사실을 알지 못했어요.

해가 막 져서 어두워지지 않은 서쪽 하늘을 보면 매우 밝은 별을 볼 수 있을 거예요. 그 별이 바로 금성이에요. 금성의 밝기는 태양과 달을 빼고 지구에서 보이는 천체 중 가장 밝답니다.

금성은 눈에 잘 띄는 별로 예로부터 주목을 많이 받아 왔어요. 로마 신화에서 미의 여신의 이름을 따 '비너스'로 불리었고, 그리스 신화에서도 사랑과 미의 여신의 이름을 따 '아프로디테'라는 이름으로 불리었어요. 그리고 바빌로니아에서는 하늘의 여신으로 숭배했지요.

우리나라에서 볼 수 있는 금성은 대개 10개월 정도는 초저녁에, 또 다른 10개월 정도는 새벽에 보이며, 보이는 때에 따라 다른 이름으로 불려요. 새벽에 보이는 금성은 '샛별'이라고 하고, 초저녁에 보이는 금성은 '태백성'이라고도 '개밥바라기'라 하기도 해요.

금성도 달처럼 차고 기울어서 위치에 따라
보름달처럼 보이기도 하고 초승달처럼 보이기도 한답니다.

    금성은 크기와 성분비가 지구와 비슷하여 형제별로 불리기도 하지요. 금성의 대기는 이산화탄소로 되어 있으며, 그 대기가 온실 효과 작용을 해서 표면 온도가 480도씨까지 올라간다고 해요.
    지구나 그밖의 행성은 서쪽에서 동쪽으로 자전을 하는데 반해, 금성은 동쪽에서 서쪽으로 자전을 해요. 그리고 공전 주기보다 자전 주기가 길어, 하루가 일 년보다 긴 행성이랍니다.

금성의 '태양면 통과'는 무엇을 말하는 건가요?

　수성과 금성은 가끔 태양 앞을 지나가면서 태양 위에 점처럼 나타날 때가 있는데, 이 현상을 '태양면 통과'라고 부른답니다.

　금성의 태양면 통과 모습을 지구 상의 여러 지점에서 동시에 관측하면, 그것을 이용해 금성과 태양까지의 거리를 계산할 수가 있어요.

　1761년, 인도와 세인트헬레나 섬을 비롯해 금성의 태양면 통과를 관측할 수 있는 여러 장소로 천문학자들이 파견되었어요. 일부 지역에서는 전쟁이나 흐린 날씨 때문에 관측에 실패했지만, 몇 군데에서 성공했으며, 도중에 금성의 대기를 발견했어요.

　그리고 8년 뒤, 가장 유명한 금성의 태양면 통과가 있었어요. 영국의 탐험가 제임스 쿡(1728~1779) 선장은 임무를 받아 1769년 8월 26

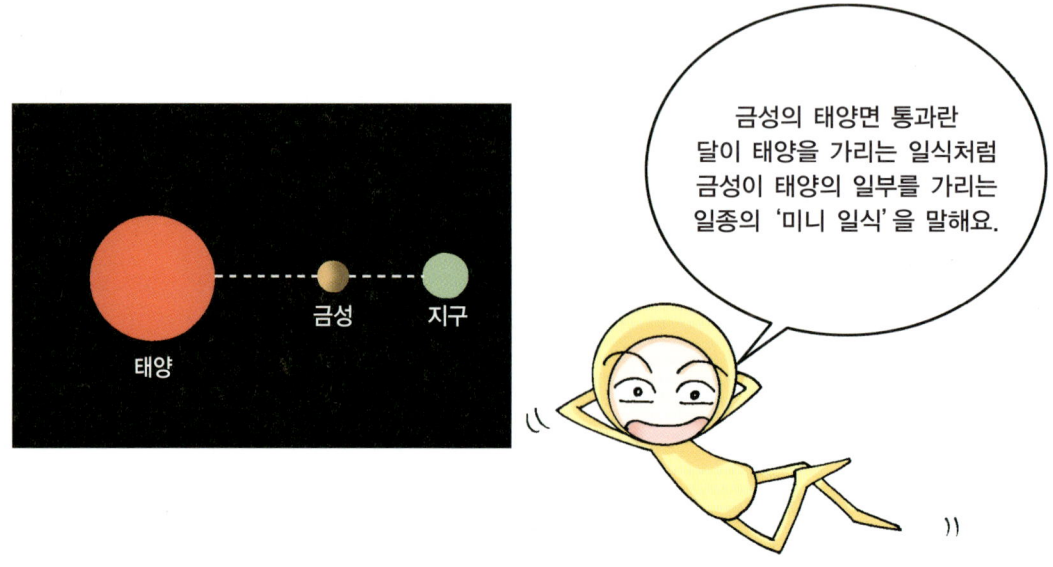

금성의 태양면 통과란 달이 태양을 가리는 일식처럼 금성이 태양의 일부를 가리는 일종의 '미니 일식'을 말해요.

◐ 〈2004년 6월 8일 122년만에 관측된 금성의 태양면 통과 사진〉

이러한 현상은 일식과 같은 원리로 발생하지만 결과적으로 볼 때 태양의 모양과 밝기에 큰 변화가 없기 때문에 일식이라고 부르기보다는 '일면 통과' 또는 '태양면 통과' 라는 말을 쓰는 것이에요.

하지만 태양 – 금성 – 지구의 배열이 일어난다고 항상 이런 현상이 일어나는 것은 아니에요. 궤도의 기울어진 정도가 각각 다르기 때문에 이런 궤도의 기울기가 모두 맞아떨어져야만 이런 모습을 볼 수가 있답니다.

일, 인데버호를 타고 영국을 출항하여 타히티 섬에서 관측에 성공했답니다.

금성의 태양면 통과는 243년마다 어떠한 패턴을 보이며 반복적으로 나타나요. 그리고 이러한 현상이 일어난 뒤, 8년 뒤에 다시 한 번 발생하지요.

최근에 일어난 금성의 태양면 통과 현상은 2004년에 일어났어요. 그리고 8년 뒤 2012년에 또 한 번 일어날 예정이라고 하는군요.

화성을 왜 불의 별이라고 부르나요?

"여러분은 하늘에서 붉은 별을 본 일이 있나요?"

이렇게 물으면, "붉은 별도 있나요?" 하고 되묻는 친구들이 있을지 모르겠어요. 그런 사람은 별을 주의 깊게 보지 않은 거랍니다.

물론 스스로 빛을 내는 항성의 경우지만, 별은 저마다의 색을 가지고 있어요. 그런데 항성은 아니지만, 붉은색을 띠는 천체가 있답니다. 바로 화성이에요. 화성은 행성이므로 스스로 빛을 내지는 못하고, 태양으로부터 빛을 받아 반사하여 붉게 빛나요.

옛날에 나라와 나라 사이에 경계가 불안정하고 서로 다툼이 많았던

화성은 아주 빨갛지는 않지만 하늘에서 볼 수 있는 가장 붉은 천체 중 하나예요.

시대에는, 이와 같은 화성의 붉은색이 전쟁의 불, 또는 피를 생각나게 했던 모양이에요. 화성(火星)이라는 이름 자체도 '불의 별'이라는 뜻인데다가, 그리스에서는 화성을 '전쟁의 신 아레스의 별', 로마에서는 '전쟁의 신 마르스의 별'이라고 했거든요.

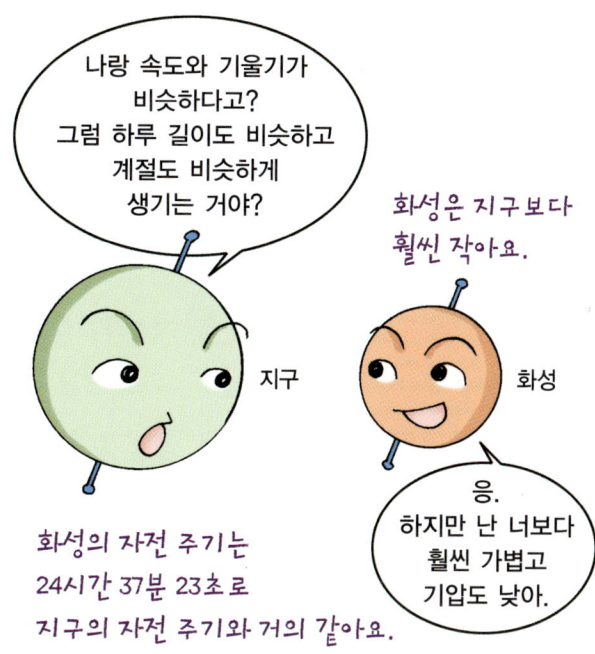

화성의 자전 주기는 24시간 37분 23초로 지구의 자전 주기와 거의 같아요.

화성은 지구의 바깥쪽을 돌고 있는 행성이며, 지구의 달에 해당하는 위성을 두 개 가지고 있어요. 화성의 지름은 지구의 반 정도랍니다. 표면에는 엷은 대기가 있고, 달의 표면과 비슷한 크레이터가 많이 있어요. 달의 크레이터보다 매끄러운 것은, 모래 폭풍의 작용에 의한 것이 아닌가 생각되고 있지요. 그밖에 용암이 흘렀던 흔적도 보여요.

표면의 온도는 적도 지방의 경우, 낮엔 20도씨, 밤엔 영하 80도씨 정도예요. 온도와 대기가 있다는 사실로 '생물이 살고 있지 않을까.' 했지만, 1976년에 화성에 착륙한 바이킹 1호에 의해서, 일단 생물은 없는 것으로 확인되었답니다.

화성은 2년 2개월마다 지구에 가까이 다가오는데, 그때가 관측의 기회랍니다. 망원경으로 보면, 붉은 표면에 가느다란 무늬가 있고, 약 24시간 38분 만에 자전하고 있다는 사실을 알 수 있어요. 또한 화성의 자전축은 지구와 비슷하게 25도로 기울어져 있어서 지구처럼 사계절의 변화가 있답니다.

태양계 중에서 제일 큰 행성이 목성인가요?

날씨가 흐려 별들이 잘 보이지 않는 날, 밝은 행성이 하늘에서 보인다면 참 반가울 거예요.

밝은 행성이라고 하면 금성을 들 수 있겠지만, 그에 못지않게 밝은 행성이 바로 목성이랍니다.

목성은 태양계 8개 행성 중에서 가장 큰데, 목성이 조금만 더 크고 조금만 더 뜨거웠더라면 태양이 될 가능성이 있었다고 해요.

화성 다음으로 지구의 바깥쪽에 위치하고 있는 목성은 아주 거대한 행성이에요. 지구의 지름이 1만 2,700킬로미터인데, 목성은 지구 지름의 11배, 부피는 무려 1만 3,000배나 되지요. 그러면서도 질량은 지구의 318배밖에 되지 않는답니다. 목성은 거대한 가스 덩어리의 행성이기 때문이지요.

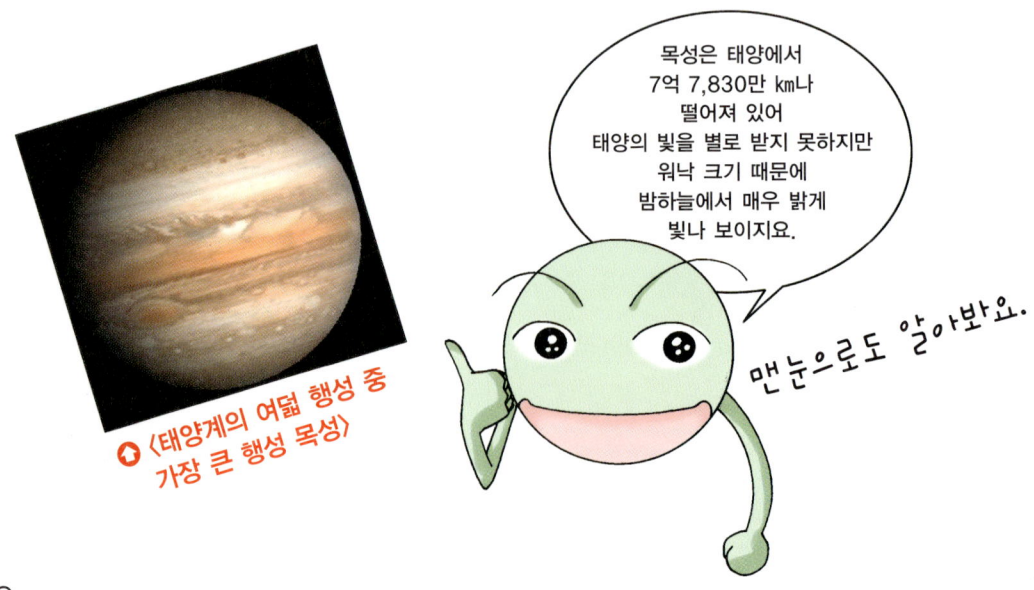

○ 〈태양계의 여덟 행성 중 가장 큰 행성 목성〉

목성은 태양에서 7억 7,830만 km나 떨어져 있어 태양의 빛을 별로 받지 못하지만 워낙 크기 때문에 밤하늘에서 매우 밝게 빛나 보이지요.

맨눈으로도 알아봐요.

　이처럼 덩치가 큰 행성이어서 그런지, 목성은 어느 지방에서나 최고의 신으로 숭배를 받았어요. 그래서 목성은 그리스 로마 신화 속 신들의 왕의 이름을 따 제우스별, 주피터별이라고 불리었어요.
　목성은 12년에 태양 주위를 한 바퀴 돌아요. 즉 1년에 궤도의 12분의 1을 가게 되므로, 중국에서는 목성을 '세성(세월의 별)'이라고 불렀어요. 또 행성 중에서 가장 경사스러운 별로 생각했고요.
　목성의 정령이 가끔 인간 세상에 내려와서 만물을 관찰한다고도 여겼답니다.

갈릴레오 위성이란 어떤 건가요?

 행성 둘레를 도는 별을 위성이라고 하는데, 목성을 천체 망원경으로 관찰하면 그 양쪽 혹은 한쪽에 몇 개의 별이 나란히 빛나는 것을 볼 수 있어요. 그것들은 줄무늬와 평행한 방향으로 나란히 늘어서 있고, 시간을 두고 관찰해 보면 전부 4개이며 점차 그 위치를 바꾸어 간다는 것, 그리고 목성 둘레를 돌고 있다는 것을 알 수 있답니다. 이 4개의 위성은 갈릴레이 갈릴레오가 1610년에 발견한 데서 '갈릴레오 위성'이라고 불리고 있어요.

 목성의 위성은 현재 100개 이상으로 보고되었는데요. 갈릴레오 위

왼쪽부터 이오, 에우로파, 가니메데, 칼리스토예요. 작은 망원경으로는 목성 옆에 있는 작고 흰 점으로 보일 뿐이지만, 이오와 에우로파는 달과 비슷한 크기이고 칼리스토는 수성과 비슷하며 가니메데는 수성보다 커요.

성은 그 위성들 중에서 특히 다른 것과 비교가 안 될 정도로 큰 편이에요. 그 반지름은 1,600킬로미터에서 2,600킬로미터로 지구의 달과 비슷한 정도이거나 그 이상이며, 밝기는 5에서 6등급이지요. 모두 목성의 적도면 안쪽을 돌고 있고, 목성에서 가까운 쪽에서부터 로마 신화에 나오는 주피터와 연관된 이름을 따서 이오, 에우로파, 가니메데, 칼리스토라는 이름을 붙였답니다.

갈릴레오 위성 중에서도 특이한 천체로 주목되어 온 것은 '이오'예요. 1979년 보이저 1호가 전송해 온 이오의 영상에는 60킬로미터에서 300킬로미터의 높이로 연기를 내뿜는 활화산의 모습이 찍혀 있었기 때문이지요. 활화산은 전부 10개나 발견되었어요. 연기의 주성분은 지구의 화산과 같은 수증기가 아니라, 유황이나 이산화유황 등이며, 하나의 화산에서 분출되는 양은 매초 약 1만 톤에 달한다고 한답니다.

이오를 빼놓고 갈릴레오 위성이라 불리는 다른 친구들은 모두 얼음으로 덮여 있어요. 특별히 이오에만 화산이 있는 이유는 이오의 공전과 관련이 있지요. 이오의 공전 궤도는 아주 특이해서 목성에 가까워졌다 멀어졌다 하는데, 이 과정에서 이오는 목성의 인력을 받아 늘어났다 줄어들었다를 반복하게 되고, 이런 움직임이 내부를 뜨겁게 해 화산 폭발로 이어진 것이랍니다.

목성에는 우주선 착륙이 불가능한가요?

목성의 표면은 암모니아 구름으로 싸여 있어서 그 표면의 실제 모습은 잘 알 수가 없어요.

목성은 10시간에 한 바퀴라는 빠른 속도로 자전을 하기 때문에 그에 따라 표면의 구름이 빠르게 움직여서 적도에 평행한 줄무늬를 만들지요. 그 줄무늬에는 구름 속의 여러 가지 유기 물질이 들어 있어서 다양한 색깔을 띠고 있는 것으로 추측되고 있어요.

사진으로 보면 목성에는 크고 빨간 반점들이 있답니다. 이들은 '대적반' 혹은 '대적점'이라고 불리는 커다란 구름으로, 그 빨간 구름 반점 속에 지구를 넣는다면 약 2개나 넣을 수 있을 정도로 커요.

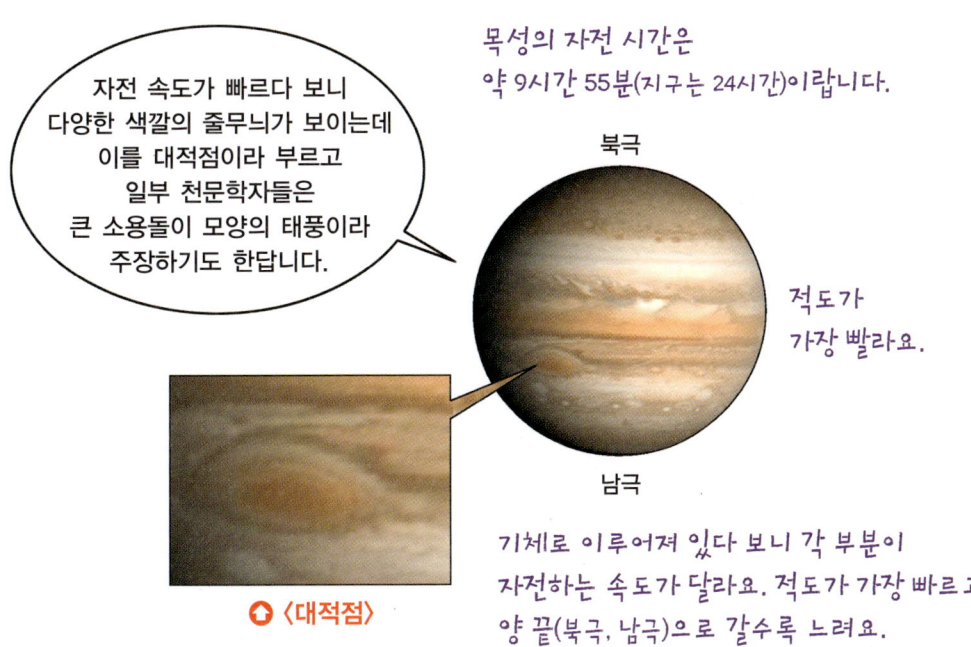

자전 속도가 빠르다 보니 다양한 색깔의 줄무늬가 보이는데 이를 대적점이라 부르고 일부 천문학자들은 큰 소용돌이 모양의 태풍이라 주장하기도 한답니다.

목성의 자전 시간은 약 9시간 55분(지구는 24시간)이랍니다.

북극

적도가 가장 빨라요.

남극

기체로 이루어져 있다 보니 각 부분이 자전하는 속도가 달라요. 적도가 가장 빠르고 양 끝(북극, 남극)으로 갈수록 느려요.

○ 〈대적점〉

    목성은 태양과 같이 주로 수소와 약간의 헬륨으로 이루어져 있답니다. 즉 거대한 수소 가스 덩어리를 차가운 메탄과 암모니아의 대기가 둘러싸고 암모니아의 결정들이 모여서 구름을 이루고 있는 것이라고 보면 돼요. 게다가 안쪽에는 높은 압력을 받아 금속 상태가 된 수소가 있고, 좀 더 중심부에는 암석과 얼음으로 이루어진 핵이 있는 것으로 짐작되고 있고요. 이 같은 목성에 우리가 우주선으로 착륙을 시도한다는 건, 참으로 무모한 도전이라고 할 수 있을 거예요.

    왜냐하면 목성은 산도 강도 없고, 육지와 바다의 경계도 없으며, 하늘과 땅의 구분도 없이 그저 커다란 대기의 바다니까요.

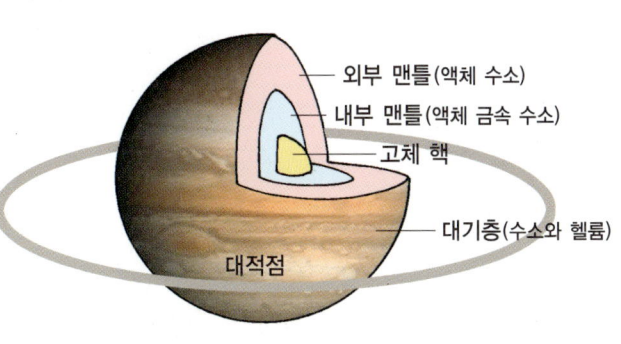

- 외부 맨틀(액체 수소)
- 내부 맨틀(액체 금속 수소)
- 고체 핵
- 대기층(수소와 헬륨)

대적점

○ 〈목성의 구조〉

토성과 목성은 닮은 점이 많은가요?

태양계 안에서 가장 아름다운 행성이라면 토성을 생각하지 않을 수 없을 거예요. 밤하늘에 밝게 빛나고 있는 토성을 보면, 아름다운 공주님을 만나고 있는 듯한 느낌을 받곤 하지요.

토성은 목성 다음에 위치하는 행성으로 태양계에서 두 번째로 크며, 아름다운 고리를 가지고 있는 것으로 유명하답니다. 토성의 크기는 지구의 아홉 배쯤 되고, 부피는 지구의 760배나 되는 데에 비해 무게는 100배 정도밖에 되지 않아요. 즉 토성은 같은 부피의 물의 무게보다 가볍기 때문에, 만약 토성을 띄울 수 있는 큰 바다가 있다면, 바다 위에 둥실둥실 떠다니는 토성을 볼 수 있을 거예요.

❶ 〈고리가 아름다운 토성〉

태양계에서 목성 다음으로 큰 행성인 토성은 지구에서 맨눈으로 볼 수 있는 마지막 행성이기도 해요.

토성은 크기와 질량 모두 목성 다음으로 크지만 밀도는 매우 작아 토성이 들어갈 만한 수영장이 있다면 둥둥 물에 떠 있을 거예요.

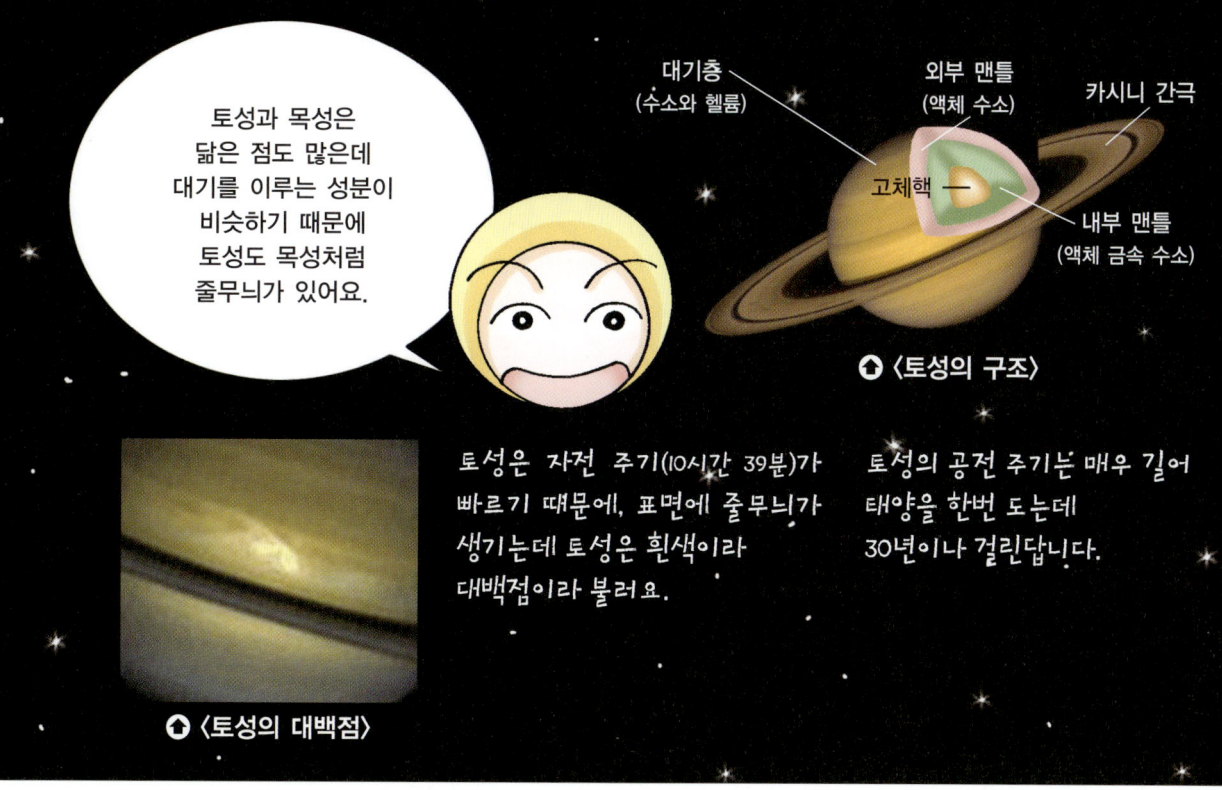

토성과 목성은 닮은 점도 많은데 대기를 이루는 성분이 비슷하기 때문에 토성도 목성처럼 줄무늬가 있어요.

〈토성의 구조〉

대기층 (수소와 헬륨)
외부 맨틀 (액체 수소)
카시니 간극
고체핵
내부 맨틀 (액체 금속 수소)

토성은 자전 주기(10시간 39분)가 빠르기 때문에, 표면에 줄무늬가 생기는데 토성은 흰색이라 대백점이라 불러요.

토성의 공전 주기는 매우 길어 태양을 한번 도는데 30년이나 걸린답니다.

〈토성의 대백점〉

　토성은 목성과 마찬가지로 대기가 있는데, 대기는 수소, 헬륨, 물, 메탄, 암모니아 등의 기체와 얼음 조각으로 이루어져 있답니다. 또한 매우 추운 곳으로, 평균 영하 100도씨 이하로 내려가요. 지구처럼 사계절이 있지만 30년 만에 한 번 태양의 주위를 돌기 때문에 지구에 비해 매우 춥고 긴 겨울을 보내지 않으면 안 되지요.

　토성은 목성과 비슷한 점이 아주 많아요. 목성처럼 수소 가스 덩어리로 되어 있는 것도 그렇고요. 메탄과 암모니아가 얼어붙은 구름으로 둘러싸여 있는 점도 비슷하다고 할 수 있지요. 게다가 10시간 만에 빠르게 자전하기 때문에 목성의 표면처럼 줄무늬가 보이기도 하지만, 목성의 줄무늬처럼 뚜렷이 보이지는 않는답니다. 또 목성처럼 고리를 가지고 있는데, 목성의 고리보다 훨씬 훌륭하고 아름다워요. 토성과 목성은 정말 닮은 점이 많은 멋진 친구라는 생각이 들지 않나요?

토성의 고리는 어떻게 해서 생겨났나요?

토성의 고리가 어떻게 만들어졌는지는 아직 정확하게 밝혀지진 않았어요. 하지만 토성의 위성 중 하나가 커다란 소행성과 충돌해 작은 조각들로 부서지면서 토성의 인력 때문에 고리를 이루고 있지 않을까 추측하고 있어요.

토성의 고리 표면은 먼지보다 작은 알갱이부터 기차 크기만 한 얼음들이 널려 있어요.

　토성은 뚜렷한 고리를 두른 아름다운 행성으로 유명한데, 이와 같은 고리는 어떻게 생겨난 것일까요? 그것에 대해서는 아직 정확하게 밝혀지진 않았지만, 옛날 고리 부근에 있던 위성이 토성의 인력으로 부서지게 되어서 그 파편들이 고리를 이루었으리라고 추측하고 있답니다.

　토성의 고리를 처음으로 발견한 사람은 갈릴레이예요. 그러나 갈릴레이는 그것이 고리인 줄 모르고 '토성에는 양쪽에 귀 같은 것이 달려 있다.'라고 표현했다고 해요.

　토성의 고리는 많은 얼음과 암석으로 이루어져 있어요. 먼지보다 작은 알갱이부터 탁구공이나 테니스공만 한 조각이 대부분이지요. 갈릴레이가 토성의 고리를 관찰한 이래 다른 행성에도 고리가 있다는 것이 밝혀지기까지는 오랜 세월이 흘렀어요.

토성의 고리를 처음 발견한 사람은 갈릴레이인데,

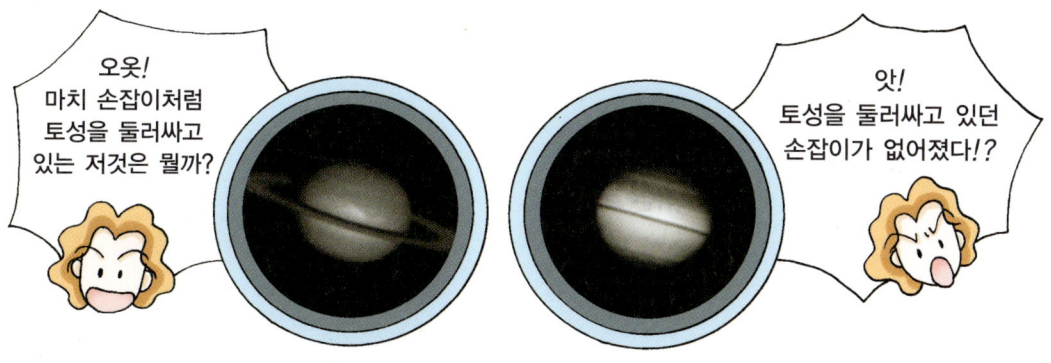

오옷!
마치 손잡이처럼 토성을 둘러싸고 있는 저것은 뭘까?

앗!
토성을 둘러싸고 있던 손잡이가 없어졌다!?

갈릴레이는 토성의 고리가 몇 년마다 기울기가 변해 고리의 면과 우리의 시선이 일직선을 이루면 고리가 사라진 것처럼 보일 수 있다는 것을 미처 몰랐어요.

    토성의 모양을 바르게 관찰한 사람은 네덜란드의 하위헌스(1629~1695)랍니다. 하위헌스는 '토성에는 고리가 있으며, 이 고리는 토성의 어느 부분과도 붙어 있지 않다.'라는 것을 최초로 관측했어요. 이 고리는 지구에서 작은 망원경으로도 확실히 관찰할 수 있지요.
    토성의 고리는 몇 년마다 기울기가 변해요. 토성은 태양의 주위를 도는 궤도를 나아감에 따라 모양을 바꾸어, 30년 만에 본래의 모양으로 돌아오지요. 고리가 곧바로 옆에서 보이는 시기에는 큰 망원경으로도 며칠 동안 고리가 보이지 않게 된답니다.

천왕성은 누워서 도나요?

천왕성의 자전축은 공전 궤도면과 수직선에 98도나 기울어져 있어요. 다시 말해 공전 궤도면에 거의 평행하게 누워 있는 셈이지요.

↑ 〈태양계의 행성들〉

　태양계의 8개 행성 중에서 세 번째로 큰 천왕성은 1985년 1월, 천왕성에 매우 가깝게 접근한 보이저 2호에 의해 그 신비가 벗겨졌어요. 보이저 2호는 천왕성 표면의 모습과 고리, 위성들의 사진을 찍어 지구로 보내왔어요.

　우선 천왕성의 크기를 살펴보면, 태양계의 8개 행성 중에서 세 번째로 크고, 그 지름은 약 5만 1,000킬로미터로 지구의 네 배 정도가 된다고 해요. 약 84년에 태양의 주위를 한 바퀴 도는 천왕성은 자전축이 공전 궤도면에 가까워서 옆으로 누워 있는 이상한 자세를 취하고 있어요. 마치 비스듬히 누워서 태양 주위를 도는 것처럼 보이지요. 아마도 천왕성이 갓 태어날 무렵에 거대한 충돌이 일어나 자전축이 많이 기울어진 게 아닌가 하는 짐작을 하고 있어요.

　천왕성의 남극과 북극 지역은 공전 주기의 절반인 42년 동안 각각

태양을 바라보게 돼요. 따라서 자전으로 밤과 낮이 바뀌지 않고, 천왕성의 한쪽에서는 42년 동안이나 낮이 계속되고 다른 한쪽에서는 밤이 이어지고 있지요.

천왕성의 대기는 거의 수소로 이루어져 있고, 약간의 헬륨이 섞여 있어서 초록빛으로 보여요. 그것은 상층부의 대기 아래에 있는 메탄이 특정한 태양 광선만을 산란시키는 성질을 가지고 있기 때문이랍니다.

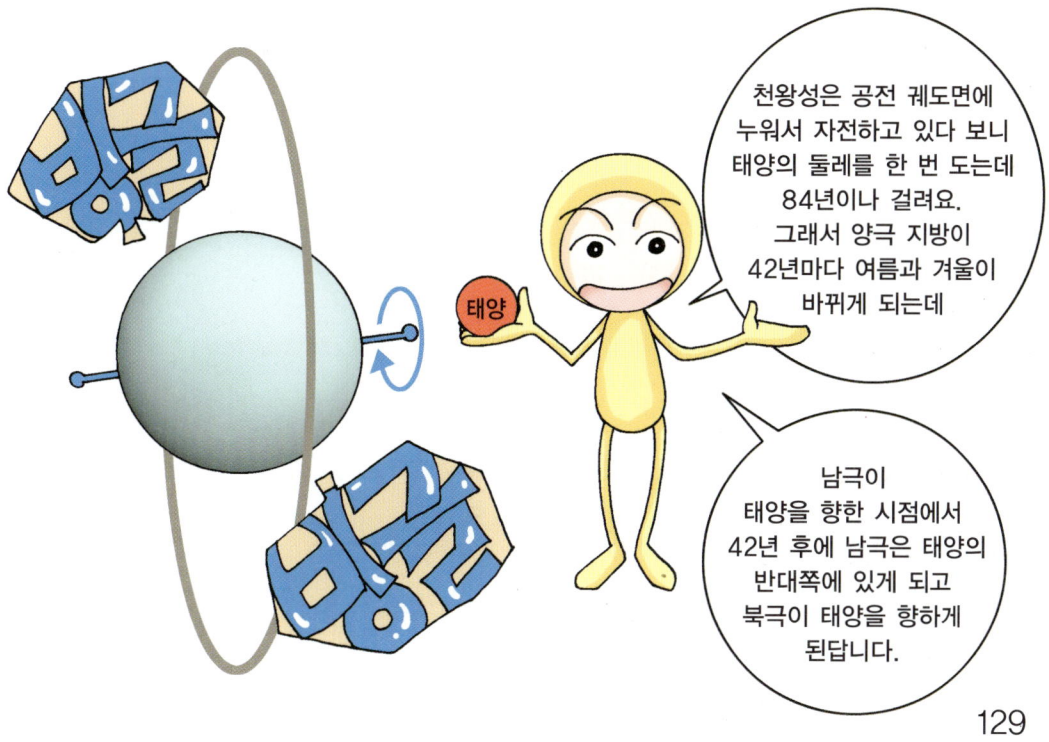

해왕성은 관찰하기가 어렵나요?

해왕성은 우연히 발견된 천왕성과는 달리 정확한 궤도 계산을 통해 알게 되었어요. 태양에서 30.061AU 만큼 떨어져 있기 때문에

참 멀죠~잉!!

보이저 2호가 해왕성의 정확한 사진을 보내오기까지 무려 11년이나 걸렸답니다.

영국의 '허셜(1738~1822)'이라는 천문학자가 1781년에 발견한 천왕성은 커다란 망원경을 사용해야만 관찰할 수 있는데요. 해왕성은 천왕성보다 거리가 멀고, 겉보기 크기도 절반밖에 되지 않기 때문에 배율을 200배 이상이나 높여야 해왕성을 관찰할 수 있답니다.

바닷물처럼 파란색을 띤 해왕성에는 로마 신화의 바다의 신 '넵튠'이라는 이름이 붙여 있어요. 파랗게 보이는 이유는 메탄 성분이 태양에서 오는 빛 중 붉은색은 흡수하고 파란색은 반사하기 때문이지요. 표면에는 커다란 태풍으로 보이는 달걀 모양의 소용돌이가 발견되었는데, 이는 짙은 파란색으로 목성의 대적점과 닮았고 위치한 곳도 비슷하답니다. 또 해왕성은 원에서 크게 벗어나 찌그러진 타원 궤도를

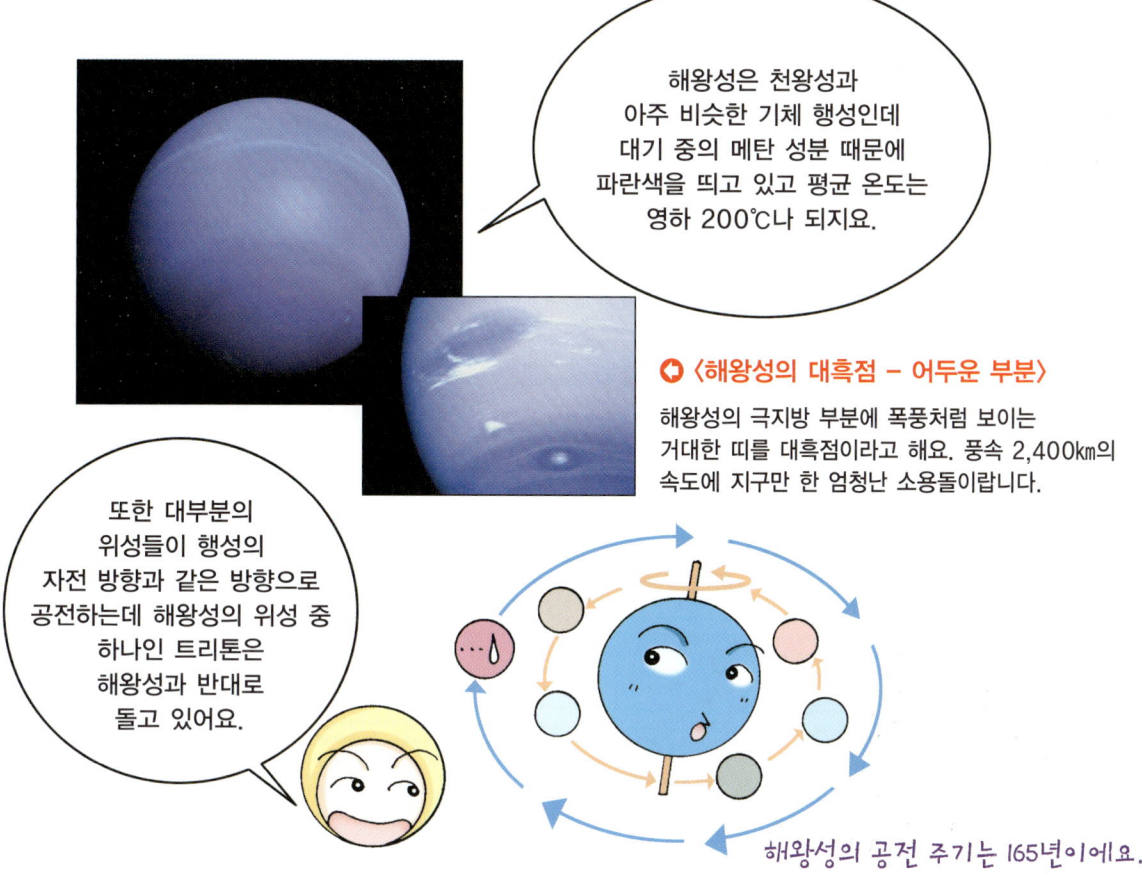

◐ 〈해왕성의 대흑점 - 어두운 부분〉
해왕성의 극지방 부분에 폭풍처럼 보이는 거대한 띠를 대흑점이라고 해요. 풍속 2,400km의 속도에 지구만 한 엄청난 소용돌이랍니다.

해왕성의 공전 주기는 165년이에요.

따라 도는 것이 특징이에요.

　1989년, 보이저 2호가 해왕성을 지나가면서 여러 가지 사실을 알아냈어요. 해왕성의 대기는 주로 수소와 헬륨이며 메탄을 비롯한 수소 화합물도 있다는 것, 해왕성을 둘러싼 자기장이 있다는 것, 놀랄 만큼 활동적인 기후 시스템이 있다는 것들이 바로 그것이랍니다. 또 지구에서는 보기 어려웠던 해왕성의 고리도 보이저 2호의 탐사로 다섯 개의 어둡고 가는 고리가 있음이 밝혀졌지요.

　대부분의 위성은 행성의 자전 방향과 같은 방향으로 공전해요. 그러나 해왕성의 위성 가운데 하나인 트리톤은 해왕성과 반대 방향으로 돌고 있답니다. 아마 오래 전에 다른 곳에서 생겨난 소행성이나 혜성이 가까이 왔다가 중력에 붙들린 것으로 짐작되고 있지요.

명왕성은 정말 행성이 맞나요?

○ 〈태양계 행성 중 가장 작은 행성이었던 명왕성〉

'수금지화목토천해명' 이게 무슨 말이냐고요? 태양계의 9개 행성을 쉽게 외울 수 있도록 머리글자만 따서 만든 말이에요. 그러나 이제 마지막 '명'자는 빼야 해요. 태양계 행성이 9개라는 영원할 것만 같던 믿음이 깨지면서 명왕성은 행성으로서의 자격을 잃었어요.

국제천문연맹(IAU)이 2006년 8월 24일, 체코 프라하에서 열린 제26차 총회에서 '행성에 대한 정의 결의안' 찬반 투표를 실시한 결과 명왕성을 빼고 8개 행성만 고전적인 행성으로 규정했기 때문이지요.

1930년, 미국의 로웰 천문대에서 톰보(1906~1997)가 발견해 태양계 행성으로 등록된 명왕성은 이제 76년 동안 행성으로서 누려 왔던 특권을 빼앗기고 '왜소행성'으로 내려앉은 셈이에요.

그렇다면 왜 명왕성이 태양계 행성에서 갑자기 퇴출당한 걸까요?

사실 명왕성은 발견 당시부터 자격이 부족하다는 문제가 이야기되고는 했어요. 너무나 작은 체구, 일그러진 타원형 궤도, 다른 행성들과 어긋나는 궤도면 따위가 흠이었지요. 다른 8개 행성들과 너무나 많은 차이를 보였거든요.

처음엔 크기가 달만 하다고 생각되었던 명왕성이 사실은 달의 2/3밖에 되지 않는다는 사실이 밝혀졌어요. 그리고 다른 행성들은

거의 원에 가까운 궤도로 공전하는데, 명왕성의 공전 궤도는 아주 길쭉한 타원 모양이에요. 그래서 가끔 해왕성의 궤도 안쪽으로 들어가기도 한답니다. 게다가 공전 궤도면이 다른 행성들에 비해 많이 기울어져 있어요.

이러한 이유들로 명왕성을 행성으로 볼 것인지, 아닌지에 대한 문제는 수십 년 동안 천문학계에서 토론된 주제였지요. 결국 2006년 국제천문연맹은 명왕성을 태양계 행성에서 제외시키기로 결정했어요. 그 대신 명왕성은 '왜소행성'으로 규정되었어요. 이름도 명왕성 대신 '왜소행성 134340'이라고 부르게 되었답니다.

*왜(矮) 소행성이란?
왜소행성은 태양계의 천체이기는 하지만 행성 기준을 충족시키지 못하는 행성으로 달처럼 행성을 도는 위성은 제외돼요. 즉 준행성으로 볼 수 있으며 명왕성, 세레스, 제나가 여기에 포함되지요. 앞으로 카이퍼 벨트에서 질량이 충분히 큰 천체가 계속 발견되고 있어 왜소행성의 수는 수십 개로 늘어날 수도 있어요.

태양계에서 아직 발견되지 않은 행성도 있나요?

18세기 후반까지만 해도 태양계의 행성은 6개만 알려져 있었어요. 그 후 몇 개가 더 발견되었지만 외부 태양계의 광활한 지역은 아직도 완전히 탐사되지 않은 채 남아 있기 때문에 새로운 행성이 발견될 가능성은 얼마든지 있답니다.

천문학자들은 만약 그러한 행성이 존재한다면, 그 궤도는 왜소행성 134340(명왕성)보다 훨씬 바깥쪽에 있을 것이라고 생각하고 있어요. 그리고 왜소행성 134340(명왕성)처럼 크기도 작을 것이라고 여기고 있지요. 태양계 안에 상당한 크기의 행성이 또 하나 존재한다면 왜소행성 134340(명왕성)의 궤도에 영향을 미쳐야 하는데, 아직까지 그러

태양계의 끝은 태양의 중력이 미치는 곳까지를 얘기해요. 그래서 보통 태양계의 끝을 기준 삼을 때는 태양을 중심으로 돌고 있는 별의 가장자리를 일컫게 되지요.

여러 가지 점에서 태양계의 끝을 딱히 정의 내리긴 힘들지만 현재까지 알려진 태양계의 끝은 핼리 혜성이에요. 핼리 혜성은 62년을 주기로 태양을 타원형으로 돌고 있답니다.

한 움직임은 발견되지 않았거든요.

    현재로서 뭔가 큰 천체가 존재할지도 모른다는 유일한 단서는 태양계의 가장 바깥쪽인 카이퍼 벨트의 모양이 보이지 않는 어떤 천체로부터 영향을 받고 있다는 일부 과학자들의 주장뿐인데요. 하지만 오늘날에는 행성과 같은 큰 천체를 쉽게 발견할 수 있는 고성능 장비들을 갖추고 있으니 보다 많은 관찰과 연구를 한다면 분명 아직 발견되지 않은 행성을 찾아낼 수 있을 거예요.

🔺 〈카이퍼 벨트〉
카이퍼 벨트란 해왕성 바깥쪽에서 태양 주위를 공전하는 소천체들의 집합체를 말해요.

태양계의 바깥 부분에 해당하는 이 카이퍼 벨트 부근에서는 간간히 왜소행성들이 발견돼요. 134340(명왕성)도 이곳에 속해 있답니다.

앞으로 발견될 행성이 있다, 없다 의견이 분분하지만 우주는 신비한 일이 많이 일어나는 곳이고 우주의 끝도 알 수 없기 때문에 아직은 그 무엇도 알 수 없어요.

🔺 〈왜소행성 134340(명왕성)과 그의 위성 카론〉
왜소행성 134340(명왕성)의 위성 카론은 크기가 크기 때문에 이 행성을 쌍성계로 보기도 해요.

목성형 행성과 지구형 행성은 어떻게 다른가요?

목성형 행성과 지구형 행성을 구분하는 기준은 거리가 아니고 그 행성의 물리적인 성질이에요.

지구형 행성은 목성형 행성에 비해 작고, 암석 물질로 이루어져 지구와 비슷하며, 목성형 행성은 거대한 기체 덩어리로 목성과 비슷한 모습을 하고 있어요.

   태양계의 행성에는 지구형 행성과 목성형 행성, 두 종류가 있어요. 목성형 행성은 태양계 바깥쪽에 위치한 행성으로 태양계 안쪽에 있는 지구형 행성에 비해 크기가 큰 것이 특징이에요. 수소나 헬륨 같은 기체로 두꺼운 대기를 형성하고 있어 커다랗게 보이는 것이랍니다.

   또한 자전 속도가 빨라요. 목성이나 토성은 10시간쯤 걸려 한 번 자전하는데, 이것은 지구나 화성의 자전 속도에 비하면 아주 빠른 편이지요. 크기에 비해 무게가 가벼운 것도 목성형 행성들의 특징이라고 할 수 있는데, 그 이유는 밀도가 낮아서예요. 이것은 지구형 행성들에 비해 덜 단단하다는 것을 말해 주지요.

○ 〈지구형 행성〉

○ 〈목성형 행성〉

특징 ❶ 암석 등과 같은 것으로 구성되어 있어요.
❷ 지구형 행성은 질량이 작아요.
❸ 자전 주기가 길며 밀도가 높아요.
❹ 고리가 없고 위성 수가 적거나 없답니다.

특징 ❶ 수소와 헬륨 등 기체로 구성되어 있어요.
❷ 목성형 행성은 질량이 커요.
❸ 자전 주기가 짧고 밀도가 낮아요.
❹ 고리가 있으며 위성이 많답니다.

이밖에도 목성형 행성들은 지구형 행성들에 비해 많은 위성을 거느리고 있어요. 또 지구형 행성에서는 찾아볼 수 없는 고리를 가지고 있답니다.

목성형 행성과 지구형 행성의 차이가 생긴 이유는 뭘까요? 그것은 태양의 영향 때문이에요. 태양계가 탄생할 당시 태양에서 가까운 곳은 뜨거운 태양열을 받았고, 먼 곳은 그렇지 못했어요. 태양열을 받은 곳에서는 가벼운 물질들이 증발하는 대신 철이나 니켈 같은 금속 물질과 모래 알갱이들이 남았어요.

그래서 지구처럼 딱딱한 암석 덩어리가 된 것이지요. 반대로 태양에서 멀리 떨어진 곳은 기온이 낮아 모든 물질이 얼음 알갱이가 되었어요. 그러나 이곳은 증발 현상이 없었기 때문에 행성이 될 수 있는 재료가 더 많았어요. 이 많은 재료들이 크게 뭉치면서 인력이 강해지고 수소나 헬륨 따위의 가스를 끌어들임으로써 두꺼운 대기층을 형성했지요. 이런 이유로 지구형 행성은 작고 딱딱한 표면을 가지고, 목성형 행성은 크지만 밀도가 낮은 거랍니다.

태양은 왜 동쪽에서 떠서 서쪽으로 지나요?

태양은 매일 아침마다 동쪽에서 떠서 서쪽으로 저물어 가요. 태양만 그러한 것은 아니지요. 밤하늘을 잘 관찰해 보면 달도 그렇고 별도 그렇고, 모두 동쪽으로 나와 서쪽으로 저무는 것을 알 수 있어요. 바로 이것을 '일주 운동'이라고 한답니다.

'일주 운동'은 지구가 서쪽에서 동쪽으로 하루에 1회 자전을 하고 있기 때문에 나타나는 현상이에요. 태양이나 달이나 별이 움직이고 있는 것이 아니라 지구 쪽에서 돌고 있기 때문에 그렇게 보이는 것이고요. 예를 들어, 전철을 타고 있으면 실제는 자신이 움직이고 있는

지구는 자전축을 중심으로 하루에 1바퀴 (1시간에 15도)씩 서쪽에서 동쪽으로 자전 운동을 해요. 실은 태양이 움직이는 것이 아니고 지구가 돌고 있는 것이랍니다.

이러한 지구의 자전 운동 때문에 태양, 달, 별의 일주 운동이 일어나는 것이에요.

 것인데 마치 바깥 풍경 쪽이 움직이고 있는 것처럼 보이는 것과 흡사한 원리랍니다.
 지구가 돌고 있는 것이라면, 어떻게 우리는 서 있을 수가 있을까요? 그리고 어째서 강한 바람이 불지 않는 것일까 하고 생각하는 사람이 있을지도 모르지만, 이 역시 전철 안의 모습을 생각해 보면 이해하기 쉬울 거예요. 전철 안의 승객은 전차나 그 안의 공기와 같은 속도로 움직이고 있으므로 서 있을 수가 있으며, 전철 속도의 바람을 느끼지도 않는 것이지요. 지구의 자전 속도는 적도 위에서는 매초 456미터나 되지만, 지구 위의 사람이나 공기, 바다 등 모두 지구와 같은 속도로 돌고 있으므로 우리들은 그것을 전혀 느끼지 못하는 셈이랍니다.

행성들은 어떻게 발견됐나요?

사람들은 아주 오래전부터 수성, 금성, 화성, 목성, 토성을 특별한 천체라고 생각했어요. 요일 이름에 이 행성들의 머리글자를 붙인 것만 보아도 알 수 있지요. 그런데 옛날 사람들은 수많은 별 사이에서 어떻게 이 다섯 행성을 골라낼 수 있었을까요? 그건 바로 꾸준한 관찰 덕분이랍니다.

항성은 지구에서 너무나 먼 곳에 있어요. 그래서 지구가 태양 주위를 공전하면서 위치가 바뀌어도 그 변화가 별까지의 거리에 비해 아주 작기 때문에 항성은 움직이지 않는 것처럼 보이지요. 하지만 행성들은, 항성들까지의 거리와 비교할 때 지구와 아주 가까이 있고, 또 지구처럼 태양 주위를 공전하기 때문에, 지구에서 보면 1주일만 지나도 위치가 많이 달라져 있어요. 마치 행성들이 별들 사이를 누비고 다니

수성, 금성, 화성, 목성, 토성은 맨눈으로도 관측이 가능해요. 그래서 동서양을 막론하고 고대부터 알려져 있었기 때문에 누가 언제 어떻게 발견했는지는 알기 힘들어요.

오옷~. 저 유난히 반짝이는 별들은 어제도 보이고 오늘도 보이고…….

는 것처럼 보이지요.

　옛날 사람들은 모든 천체들의 위치를 매일 맨눈으로 점검했기 때문에, 이 다섯 행성들을 가려낼 수 있었어요. 하지만 토성보다 멀리 있는 행성들은 맨눈으로 보이지 않기 때문에 망원경이 발명된 후에야 발견되었답니다.

　천왕성은 1781년, 독일 출생의 영국 천문학자인 허셜(1738~1822)이 직접 만든 망원경으로 천체 관측을 하다가 발견했어요.

　해왕성은 1800년대 초에 천문학자 애덤스(1819~1892)와 르베리에(1811~1877)가 궤도와 질량을 계산했고, 1846년에 독일의 갈레(1812~1910)가 발견했어요. 사실 해왕성의 궤도는 예측했던 것과 좀 달랐어요. 그래서 천문학자들은 해왕성의 궤도에 영향을 주는 아홉째 행성을 찾기 시작했지요.

　1900년대 초 미국의 천문학자 로웰(1855~1916)이 예측한 위치 근방에서 톰보(1906~1997)라는 천문학자가 1929년에 명왕성을 발견했어요. 하지만 이것은 우연의 일치였어요. 명왕성은 해왕성의 궤도에 영향을 줄만큼 큰 질량을 갖지 못했거든요.

제3장

별들의 도시, 은하계
(별과 별자리 이야기)

   통상적으로 별에 이름을 붙이는 일을 담당하고 책임지는 곳은 1991년에 설립된 국제천문연맹이에요.
   국제천문연맹은 공인된 천문학적 명칭을 정하고 88개 별자리의 이름과 경계를 결정하는 권한을 가지고 있답니다. 하지만 별에 개인적으로 이름을 지어 주고, 경우에 따라서 어딘가에 저장하는 일도 결코 금지되어 있는 것은 아니에요.

나도 별의 이름을 지을 수 있나요? 중에서

별들에게도 각자의 이름이 있나요?

밝은 별에는 저마다 고유의 이름이 붙어 있어요. 겨울 하늘에는 밝게 빛나는 큰개자리의 시리우스나 오리온자리의 베텔게우스나 리겔이 있고, 또 여름 하늘에는 거문고자리의 베가나 독수리자리의 알타이르, 백조자리의 데네브와 같은 1등성 등이 있지요.

이러한 별들의 이름을 '별의 고유명'이라고 해요. 고유명에는 별자리에 나타나 있는 사람이나 동물 몸의 명칭이 붙은 것이 많아요. 예를 들어 베텔게우스란 '오리온의 겨드랑이 밑', 리겔은 '거인의 왼발'이라는 뜻이며, 데네브는 '꼬리'를 의미해요. 사자자리의 2등성 데네볼라도 '사자자리의 꼬리' 라는 뜻이지요.

또한 별의 성질을 바탕으로 해서 붙여진 이름도 있어요. 시리우스

사람도 그 사람이 속한 사회에 따라 별명이 생기듯이 별들의 이름도 민족마다 고유한 이름들이 있어요. 현재 공식적으로 통용되고 있는 이름은 거의 아라비아 어에서 기원된 것들이지요.

이렇게 아라비아 어에서 생겨난 이름은 대부분 별자리가 나타내는 형태의 어느 부분에 그 별이 속해 있는가에 따라 정해졌어요.

베텔게우스(겨드랑이 밑)

◯ 〈오리온 자리〉

리겔 (거인의 왼발)

는 '불에 탄 것'이라는 뜻으로 반짝이는 빛을 나타내며, 전갈자리의 안타레스는 붉은빛을 내서 '화성의 적'이라는 이름이 붙여졌어요. 이는 붉은 화성이 안타레스 근처에 왔을 때 마치 붉은빛을 서로 겨루는 것처럼 보였기 때문이에요.

이러한 고유명은 서양이나 아라비아에서 붙인 거예요. 그밖의 이름에는 '알타, 베타, 감마'라는 식으로 별자리의 밝기에 따라 순서대로 그리스의 알파벳을 붙여 부르고 있어요. 이것은 17세기에 성도를 만든 독일의 요한 바이어(1572~1625)가 붙였어요.

별의 이름은 보통 1등성 등의 밝은 별은 고유명으로 부르고, 그밖의 별은 바이어의 알파벳 명으로 부르고 있어요. 칠월 칠석의 직녀성이나 견우성은 중국에서 붙인 별의 이름이에요. 이는 각각 거문고자리의 베가와 독수리자리의 알타이르에 해당된답니다.

나도 별의 이름을 지을 수 있나요?

통상적으로 별에 이름을 붙이는 일을 담당하고 책임지는 곳은 1991년에 설립된 국제천문연맹이에요. 국제천문연맹은 공인된 천문학적 명칭을 정하고 88개 별자리의 이름과 경계를 결정하는 권한을 가지고 있답니다. 하지만 별에 개인적으로 이름을 지어 주고, 경우에 따라서 어딘가에 저장하는 일도 결코 금지되어 있는 것은 아니에요.

예를 들어, 미국의 어떤 회사에서는 자신의 회사 물건을 사는 사람에게 돈을 내면, 별에 원하는 이름을 - 자신의 것이든 혹은 사랑하는 사람의 것이든 - 붙일 수 있고 이 이름이 공식적으로 성도에 기입되며 천문학자들에 의해서도 사용될 것이라고 선전하는 회사들이 있었다고 해요. 당연히 이런 선전은 사실이 아니고요. 이렇게 지어진 이름들은 공식적인 이름과는 아무런 상관이 없어요.

만약 여러분이 정말로 자신의 이름을 가진 천체를 하늘에서 찾고 싶다면 무엇보다도 혜성의 발견자가 되어야 해요. 그러기 위해서 여러분에게 필요한 것은 성능 좋은 천체 망원경과 맑고 캄캄한 하늘, 별에 대한 풍부한 상식 그리고 아주 많은 시간이랍니다. 일반적으로 전문적인 천문학자들이 혜성을 찾기에도 많은 노력이 필요하므로 시간이 부족하다고 할 수 있지요.

혜성에는 전통적으로 그것을 처음 발견한 사람의 이름을 붙이게 되어 있어요. 그것도 아주 공식적으로 말이지요. 그래서 약간의 행운만 있다면 몇 개월 뒤에는 여러분의 이름을 가진 혜성이 하늘에서 밝게 빛나게 될지도 모르겠네요.

그렇게 되면 여러분은 자신의 이름을 단지 천문학 서류뿐 아니라 세계의 모든 신문에서도 발견하게 될 거랍니다.

# 큰곰자리 별들은 어떻게 찾을 수 있나요?

저기 거꾸로 된 국자 모양의 7개의 밝은 별들이 보이죠? 저것이 바로 북두칠성이에요.

북두칠성은 계절마다 자리를 바꾸므로 국자 모양이 항상 똑바로 있지는 않답니다.

　북쪽 하늘에서 국자 모양의 가장 밝은 별 7개를 찾아보세요. 그 별들이 바로 큰곰자리를 이루는 북두칠성이에요. 북두칠성은 계절마다 자리를 바꾸어요. 봄에는 북쪽 하늘 높은 곳에서 볼 수 있고, 여름에는 서쪽으로 조금씩 옮겨 가지요. 반대로 겨울에는 동쪽으로 조금 옮겨 가 있어요. 그 이유는 북두칠성이 북극성을 중심으로 돌고 있기 때문이에요. 늦가을에는 북쪽 지평선 가까이까지 내려가 있어서 찾기가 쉽지 않답니다.

　그런데 아무리 봐도 북두칠성이 큰곰자리처럼 생기지 않았다고 생각하는 사람들이 많아요. 당연하지요. 북두칠성은 큰곰자리 가운데

엉덩이와 꼬리 부분밖에 나타내지 못하니까요. 그렇지만 북두칠성은 비교적 밝은 2등성이기 때문에 유난히 눈에 띈답니다. 국자 모양의 첫 번째 별이 두베, 그 다음이 메락, 펙다, 메그레즈, 알리오스, 미자르, 손잡이 모양 맨 끝에는 알카이드가 자리잡고 있어요. 이 가운데 두베와 메락은 바로 북극성을 찾을 수 있게 해 주는 별이에요.

북두칠성은 큰곰자리의 꼬리 부분에 해당하므로 북두칠성만 찾으면 큰곰자리 별들은 쉽게 찾을 수 있어요.

그렇다면 작은곰자리 별들은 어떻게 찾을 수 있을까요?

작은곰자리 별들은 뚜렷하게 밝은 별이 없기 때문에 쉽게 찾을 수 없어요. 그렇지만 2등성으로 비교적 밝은 북극성만 찾을 수 있다면 그리 어렵지는 않지요. 그래도 못 찾겠다면, 북두칠성의 국자 끝 부분에 있는 메락과 두베의 거리를 두베 방향으로 5배 늘여 보세요. 그 끝에 바로 북극성이 있으니까요. 북극성이나 작은곰자리 별들은 방향을 알 수 없는 캄캄한 밤에 북쪽이 어디인지 정확히 알려 주는 길잡이별이랍니다.

북극성은 어떻게 찾을 수 있나요?

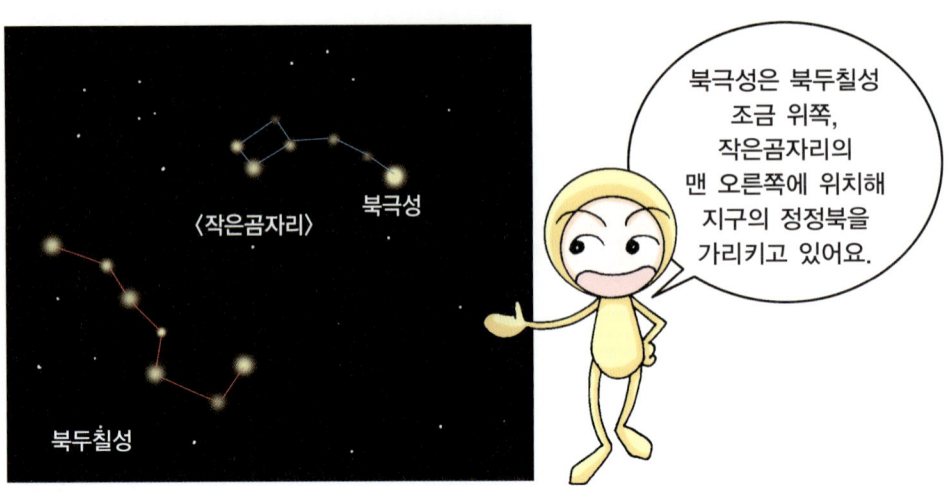

북극성은 북두칠성 조금 위쪽, 작은곰자리의 맨 오른쪽에 위치해 지구의 정정북을 가리키고 있어요.

　북두칠성이 있는 곳에서 조금 위쪽을 올려다보면, 보이기는 하지만 별로 밝지 않은 별이 하나 있어요. 그 별의 이름이 '북극성'이랍니다. 언제나 북쪽을 가르쳐 준다는 별로 길잡이별로 불리지요.
　지구의 북반구에 살고 있는 사람이라면 이 별로 북쪽을 찾을 수 있을 거예요. 북극성은 작은곰자리의 꼬리 끝에 붙어 있는 2등성 정도 되는 별이에요. 그냥 맨눈으로 보면 한 개의 별로 보이지만, 망원경으로 보면 2개의 별이 같이 있는 쌍성(이중성)이랍니다. 북극성과 같이 있는 별은 9등성이므로 우리 눈으로는 볼 수가 없어요. 사람의 눈은 6등성까지만 볼 수 있거든요.
　오늘날엔 여행할 때나 등산할 때 완전한 지도나 나침반 등을 가지고 가기 때문에 길을 잃는 일은 거의 없지요. 그러나 옛날에는 길을 잃어버렸을 경우, 낮에는 태양으로, 밤에는 별로 방향을 알았답니다.

빨간 표시가 지구의 정북 방향이에요.

우주에 있는 모든 천체들은 멈춰 있지 않아요. 사실 북극성은 지구의 정북에 떠 있다기보다 북극의 연장선상에 있어서 정북에 있는 것처럼 보이는 것이에요.

북극성도 워낙 멀리 있다 보니 움직여도 움직이지 않는 것처럼 보이는 것이랍니다.

사막을 횡단하는 상인이나 넓은 바다를 항해하는 뱃사람들은 밤에는 별을 살펴 정확한 방향을 아는 것이 무엇보다 중요했지요. 북극성은 그와 같은 길잡이별로서 중요한 역할을 했던 별 중의 하나랍니다.

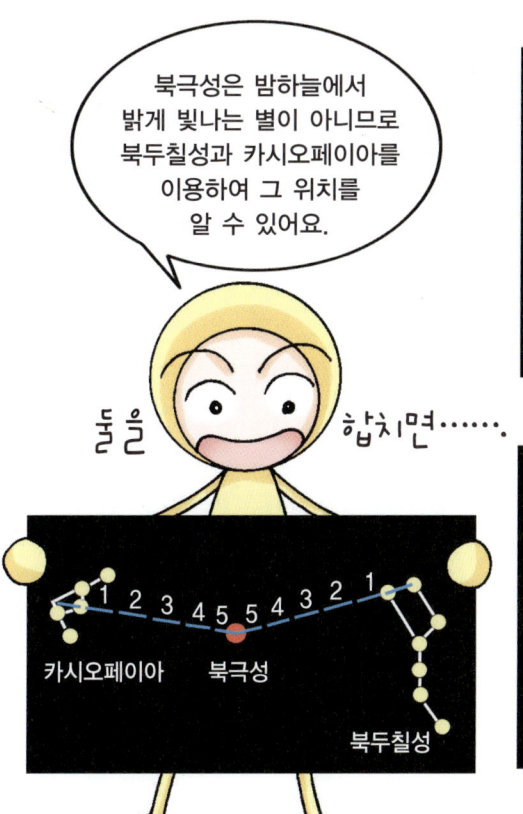

북극성은 밤하늘에서 밝게 빛나는 별이 아니므로 북두칠성과 카시오페이아를 이용하여 그 위치를 알 수 있어요.

둘을 합치면……

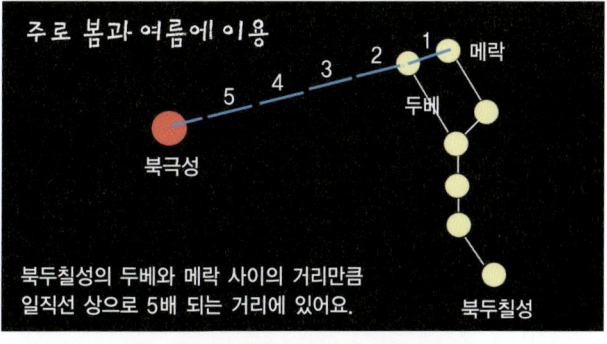

○ 〈북두칠성을 이용한 북극성 찾기〉

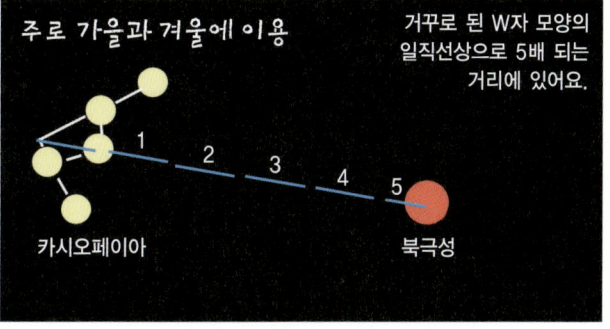

○ 〈카시오페이아를 이용한 북극성 찾기〉

사자자리는 봄의 별자리인가요?

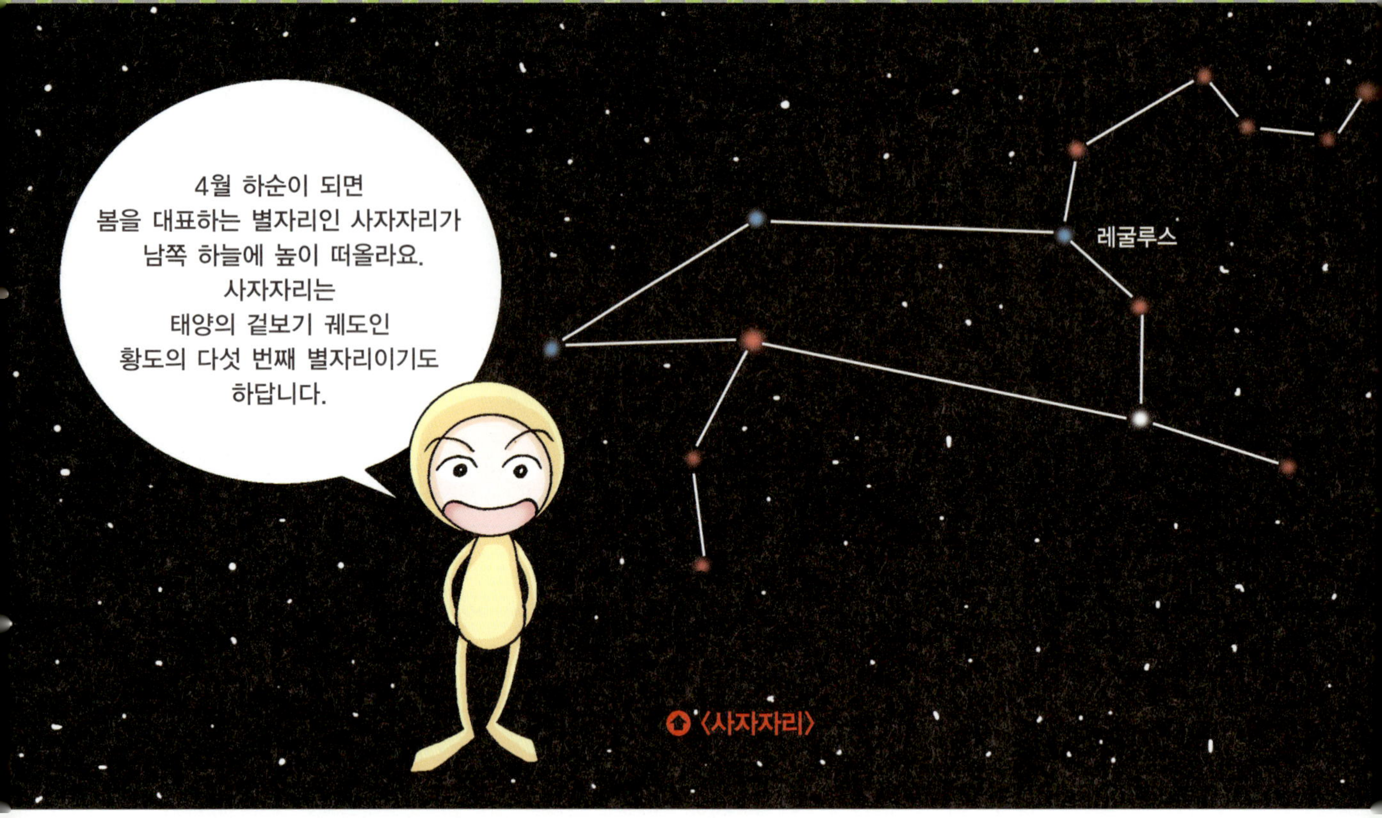

4월 하순이 되면 봄을 대표하는 별자리인 사자자리가 남쪽 하늘에 높이 떠올라요. 사자자리는 태양의 겉보기 궤도인 황도의 다섯 번째 별자리이기도 하답니다.

레굴루스

◯ 〈사자자리〉

    겨우내 쌓인 눈을 녹이는 봄바람이 불어올 때쯤이면 북두칠성이 북동쪽 밤하늘에 그 모습을 드러내기 시작해요. 이 북두칠성은 사자자리를 찾기 위한 친절한 길잡이 역할을 해 주어요. 북두칠성의 국을 뜨는 국자 부분에 비스듬하게 놓인 두 별의 방향을 따라 아래쪽으로 내려가면, 사자자리의 알게이바와 가장 밝은 레굴루스에 이르게 되지요. 이 두 별을 중심으로 사자자리의 몸통이 만들어져요. 그런 다음, 왼쪽을 보면 직각 삼각형으로 보이는 별들이 있는데, 바로 사자의 엉덩이와 꼬리 부분을 나타낸답니다.

그럼 사자자리는 어떤 별들로 이루어졌을까요? 사자의 머리에 해당하는 오른쪽 별들은 물음표(?)를 돌려놓은 것처럼 보여, 서양에서는 낫이라고 불러요. 사자 앞다리 부분에 있는 1등성인 레굴루스는 하늘에서 가장 밝은 별에 속해요. 옛날 페르시아 사람들은 하늘에 네 개의 수호별이 있다고 믿었는데, 그 중에서도 이 레굴루스를 황제 별로 여

겼다고 해요. 옛날 서양의 점성술사는 레굴루스를 왕의 별로 보아 이 별 아래서 태어난 사람은 돈과 명예는 물론 권력까지 모두 갖는다고 여겼답니다.

백조자리는 어떤 별로 이루어져 있나요?

백조자리는 별자리의 모양 자체가 한 마리의 완전한 백조의 모습을 하고 있고 밝은 별로 이루어져 있기 때문에 쉽게 찾을 수 있어요. 더욱이 견우별과 직녀별 사이에 있어 찾는 데 어렵지 않지요. 백조자리의 으뜸별인 데네브는 백조의 꼬리 부분에 자리 잡고 있으면서 견우, 직녀별과 함께 커다란 삼각형을 그리고 있답니다. 이게 바로 여름철의 삼각형이며, 여름철 별자리의 기준 역할을 해요.

백조자리는 으뜸별 데네브 다음에 있는 두 번째 별을 중심으로 해

백조자리는 은하수 한가운데 있는 크고 아름다운 별자리로 특히 감마(γ) 별과 베타(β) 별 사이에는 블랙홀이 있다 하여 화제가 되기도 했었어요.

◐ 〈백조자리〉

◐ 〈여름의 대삼각형〉

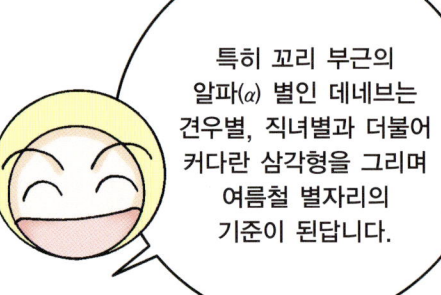

특히 꼬리 부근의 알파(α) 별인 데네브는 견우별, 직녀별과 더불어 커다란 삼각형을 그리며 여름철 별자리의 기준이 된답니다.

서 십(+)자 모양을 하고 있어요. 그래서 이것을 '북십자성'이라고 불러요. 백조가 날개를 활짝 펴고 우아하게 날아가는 모습을 그대로 보여 주고 있지요.

백조의 부리에 자리 잡은 알비레오 별은 청색 별 하나와 오렌지색 별 하나가 겹쳐진 것이에요. 이런 별을 쌍성이라고 하는데, 북쪽 하늘에서 가장 아름다운 쌍성으로 알려져 있지요. 특히 백조자리의 61번 별은 밝지는 않지만 매우 유명한 별이에요. 1938년, 독일의 베셀(1784~1846)이라는 천문학자가 이 별을 이용해서 별의 거리를 계산했기 때문이랍니다.

가을밤 하늘에서 가장 눈에 잘 띄는 별자리는 뭔가요?

봄, 여름, 겨울에는 큰 삼각형을 형성하는 별들이 있지만 유독 가을만은 삼각형 대신 사각형이 있어요. 이것이 바로 페가수스 별자리랍니다.

페가수스는 신화에 등장하는 등에 날개를 단 천마인데 밤하늘에서 거꾸로 누워 있는 모습으로 보인답니다.

　　가을밤 하늘에서 가장 눈에 잘 띄는 별자리가 바로 페가수스자리예요. 여름밤 하늘의 밝은 1등성들이 은하수를 따라 모두 서쪽으로 사라진 뒤라서 훨씬 잘 보이지요. 2등성을 3개씩이나 가지고 있고, 큰 사각형에 꼬리를 3개 가진 모양이기 때문에 찾기도 쉽답니다. 페가수스자리를 찾는 데 도움을 주는 별자리는 바로 북쪽 하늘 높이 떠오른 카

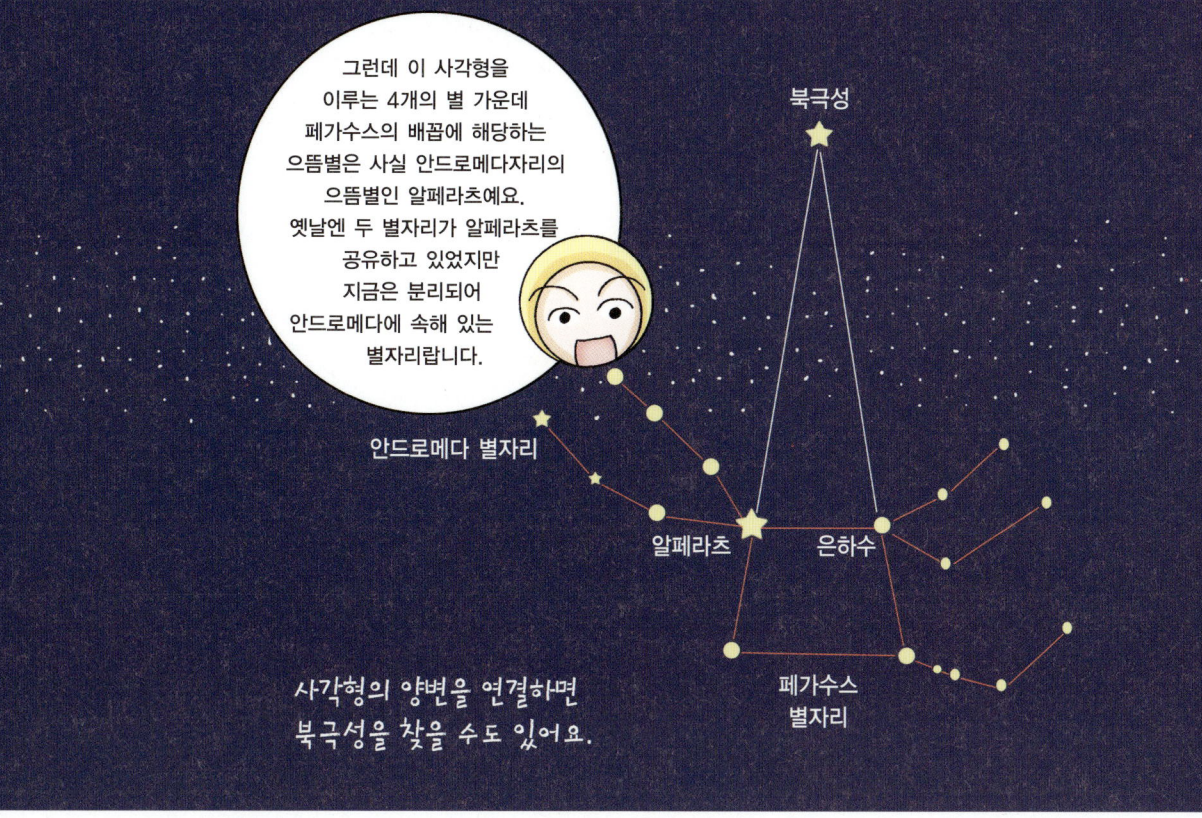

시오페이아자리예요. 이 자리의 한가운데 별에서 으뜸별까지의 거리를 6배 더 늘이면, 알페라츠가 나와요. 그 서쪽에 사각형과 꼬리를 그리고 있는 별들을 찾으면 돼요.

페가수스자리는 어떤 별들로 이루어졌을까요? 페가수스자리에서 가장 돋보이는 것은 역시 안드로메다자리의 으뜸별이자 페가수스의 으뜸별인 알페라츠예요. 이 별 서쪽으로 커다란 마름모꼴이 있는데, 이 4개의 별들이 만드는 도형이 바로 페가수스 사각형이지요. 또한 페가수스의 세 번째 별과 알페라츠를 이어 북쪽으로 늘이면 카시오페이아자리의 두 번째 별인 카프를 지나 북극성에 닿아요. 그리고 남쪽으로는 낮과 밤의 길이가 같아지는 태양의 춘분점에 다다른답니다.

오리온자리는 어느 계절에 잘 보이나요?

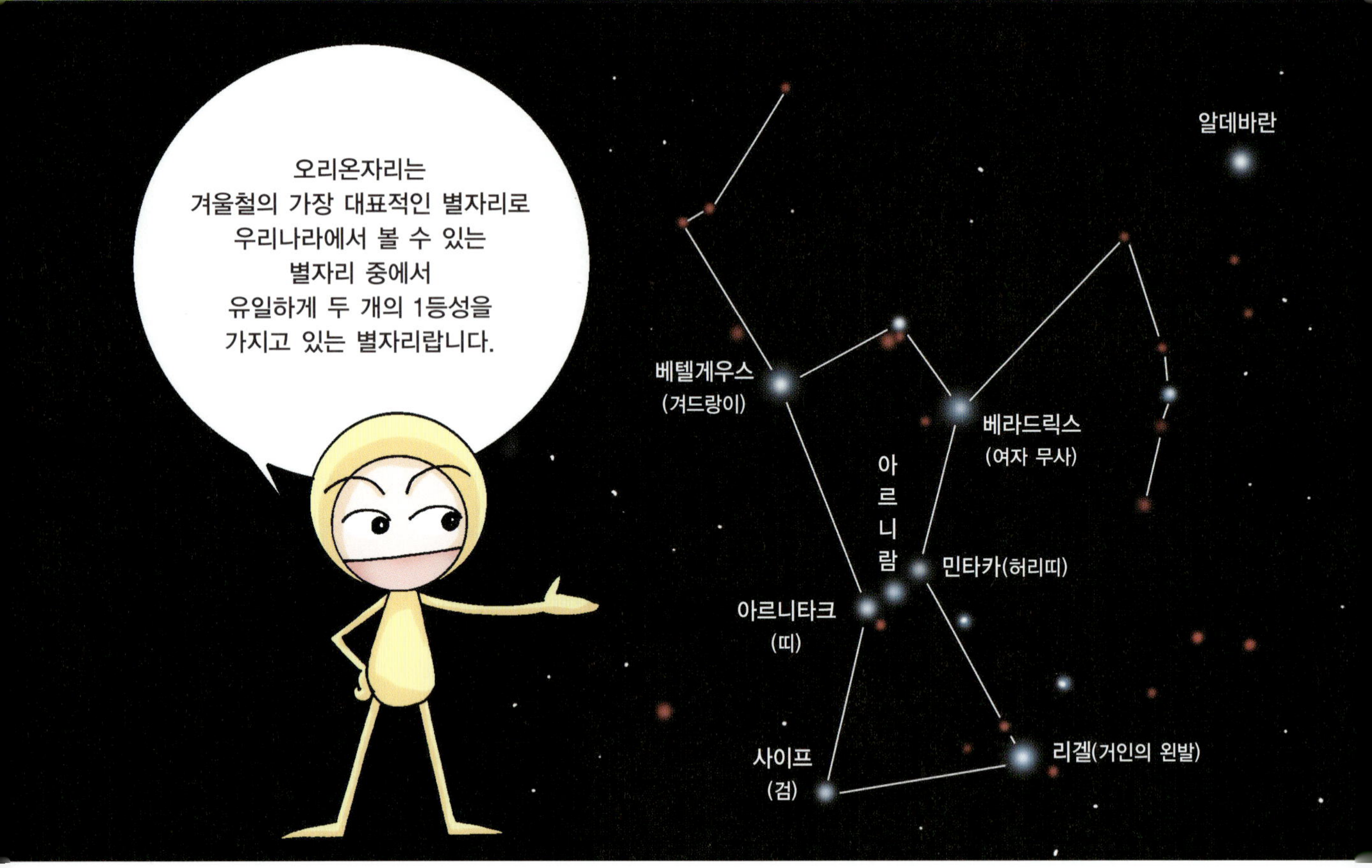

오리온자리는 겨울철의 가장 대표적인 별자리로 우리나라에서 볼 수 있는 별자리 중에서 유일하게 두 개의 1등성을 가지고 있는 별자리랍니다.

알데바란
베텔게우스 (겨드랑이)
베라드릭스 (여자 무사)
아르니람
민타카 (허리띠)
아르니타크 (띠)
사이프 (검)
리겔 (거인의 왼발)

겨울철에 밤하늘을 올려다보세요. 그러면 하늘에 크게 4개의 꼭지점을 그리며 펼쳐진 사각형의 별자리가 보일 거예요. 가운데 별 3개가 나란히 붙어 있는 게 꼭 방패연처럼 생겼다고요? 물론 그렇게도 부르지만 이 별자리를 오리온자리라고 부른답니다.

오리온자리가 이렇게 잘 보이는 이유는 가장 밝은 1등성 2개와 2등성 3개가 자리 잡고 있기 때문이에요. 오리온자리 한가운데 2등성 3개가 똑같은 간격으로 한 줄로 늘어선 삼형제별은 정말 멋지고 화려하지요. 밝은 별로 이루어진 사각형은 거인의 몸통을 나타내고 있어요. 특히 서로 대각선을 이루고 있는 유난히 밝은 베텔게우스라는 별은 거인의 오른쪽 겨드랑이를, 리겔은 거인이 힘차게 내디딘 왼발을 나타낸답니다.

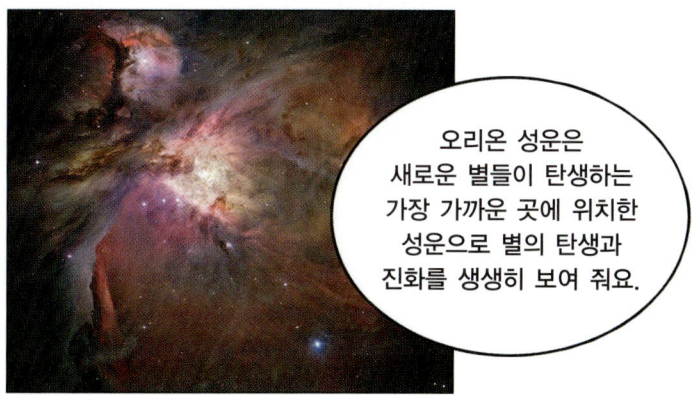

오리온 성운은 새로운 별들이 탄생하는 가장 가까운 곳에 위치한 성운으로 별의 탄생과 진화를 생생히 보여 줘요.

⬆ 〈오리온 대성운(M42)〉

오리온자리의 별들은 대부분 우리가 상상할 수 없을 만큼 크고 밝은 별들이에요. 특히 오리온자리의 으뜸별이라고 할 수 있는 베텔게우스는 지름이 태양의 700~1,000배나 된다고 해요. 그런데 베텔게우스는 왜 크기가 줄었다 늘었다 할까요? 이유는 베텔게우스가 대폭발을 앞둔 늙은 별이기 때문이에요. 죽음을 앞두고 크고 작은 폭발이 끊이지 않아 풍선처럼 커졌다 작아졌다 하는 것이지요.

베텔게우스의 대각선에 있는 리겔은 태양보다 3만 배나 밝은 멋진 별로, 지구에서 약 600광년 정도 떨어져 있지요. 또한 모두 푸른빛의 2등성인 삼형제별은 밤마다 동에서 서로 하늘 한가운데를 가로지르고 있답니다.

오리온자리에 있는 밝은 빛을 띠는 성운 중 가장 대표적인 것은 오리온 대성운(M42)이에요. 이 성운 속에서는 지금도 새로운 별들이 태어나고 있어요.

점성술에 나오는 별자리는 실제 존재하나요?

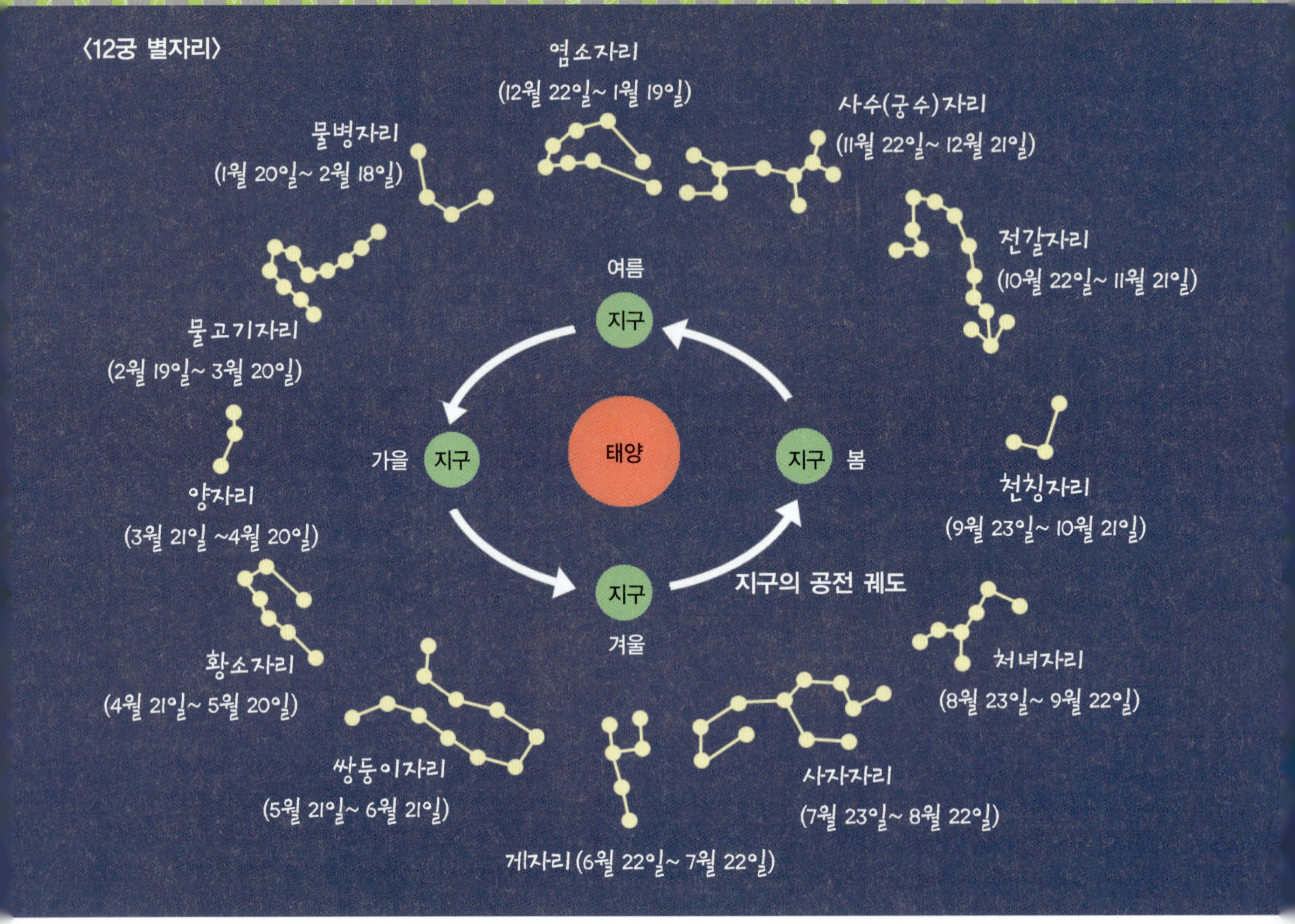

〈12궁 별자리〉

- 염소자리 (12월 22일~1월 19일)
- 사수(궁수)자리 (11월 22일~12월 21일)
- 물병자리 (1월 20일~2월 18일)
- 전갈자리 (10월 22일~11월 21일)
- 물고기자리 (2월 19일~3월 20일)
- 천칭자리 (9월 23일~10월 21일)
- 양자리 (3월 21일~4월 20일)
- 처녀자리 (8월 23일~9월 22일)
- 황소자리 (4월 21일~5월 20일)
- 사자자리 (7월 23일~8월 22일)
- 쌍둥이자리 (5월 21일~6월 21일)
- 게자리 (6월 22일~7월 22일)

(중앙: 태양, 지구의 공전 궤도 - 봄, 여름, 가을, 겨울)

　옛날부터 사람들은 별자리를 통해 점을 봤답니다. 재미 반, 기대 반으로 보는 것이지만 가끔은 정말 딱 맞을 때가 있었지요. 요즘에도 신문이나 잡지에는 산양자리나 물고기자리의 이름이 붙여진 별자리의 한 달 운세를 써 놓은 걸 볼 수 있답니다.

　산양자리나 물고기자리라는 말은 특정한 날짜의 범위 안에 생일이 속한 사람들을 의미해요. 많은 사람들이 생각하기를 이런 날짜가 유전 인자, 교육, 그리고 경험보다는 먼저 그들의 성격을 결정한다고 믿고 있지요. 그러나 이것은 천문학과는 아무런 연관이 없어요. 점성술에 나오는 별자리는 천문학적인 개념이 아니랍니다.

> 점성술은 별의 모양이나 밝기 또는 자리 등을 고려하여 나라의 안위와 개인의 길흉을 점치는 술법으로 고대 바빌로니아에서 시작되었답니다. 천문학과는 전혀 상관이 없는 것이죠.

난 처녀자리!

점성술의 별자리는 황도 12궁과 천문학적인 별자리의 혼합에서 나온 것이에요. 황도 12궁은 태양과 행성들이 지나가는 길인 황도를 12개로 나누어서 별자리에 동물의 이름을 붙인 것이지요. 춘분점부터 차례로 물고기자리, 양자리, 황소자리, 쌍둥이자리, 게자리, 사자자리, 처녀자리, 천칭자리, 전갈자리, 궁수자리, 염소자리, 물병자리라고 이름을 붙였답니다.

하지만 오늘날 천문학자들은 이런 '별자리'를 하늘에서의 장소 표시나 정확하게 경계선이 있는 특정한 천체 영역의 이름, 혹은 하늘의 지도로 사용하고 있어요. 왜냐하면 별자리들의 크기와 간격이 각기 다르기 때문이지요. 그러니까 점성술에서 나오는 별자리는 하늘에 실제로 존재하긴 하지만 그 역할은 전혀 다른 거랍니다.

천문학자들이 규정하는 별자리란 하늘의 별들을 찾아내기 쉽게 몇 개씩 이어서 그 형태에 동물, 물건, 신화 속의 인물 등의 이름을 붙여 놓은 것이에요.

혜성은 어떤 천체인가요?

별이 가득한 밤하늘에 갑자기 긴 꼬리를 이끌며 나타나는 밝은 천체를 본 적이 있나요? 그것이 바로 혜성이에요. 동양에서는 살별, 빗자루별, 꼬리별 등으로 서양에서는 '긴머리털(kometes)'에서 유래한 '털이 있는 별' 또는 '코메트(comet)'라고 불리지요.

네덜란드의 천문학자 오르트(1900~1992)는 태양계의 가장 바깥쪽에 있는 구 모양의 영역에서 혜성이 태어난다고 주장했어요. 이것을 '오르트 구름'이라고 부른답니다. 갓 태어난 아기 혜성의 몇몇만이 태양계 안쪽으로 끌려 들어와 머나먼 여행을 시작하는 것이지요.

혜성은 크게 핵과 꼬리로 나뉘는데, 태양에 가까워지면 뜨거운 태양열로 기체가 된 얼음 물질이 핵 주위를 감싸면서 밝게 빛나게 돼요.

이렇게 핵을 에워싼 기체를 '코마'라고 해요.

이때 혜성에는 이온 꼬리와 먼지 꼬리, 두 가지가 만들어져요. 이온 꼬리는 태양 빛이 주는 압력이 복사압에 밀려 생기며 태양의 정반대 방향으로 나타나고, 먼지 꼬리는 태양에서 불어오는 태양풍에 먼지 알갱이가 떨어져 나온 것으로 혜성이 달려 나가는 길 뒤쪽으로 흩날리게 되지요. 보통 이온 꼬리는 푸른색이며 먼지 꼬리는 노란색이거나 옅은 붉은색이에요.

사진은 헤일-밥 혜성으로 핼리 혜성보다 1,000배나 밝으며 먼지 꼬리(흰색)와 이온 꼬리(파란색)가 뚜렷이 보이는 게 특징이에요.

몇 번씩 태양을 방문한 혜성은 처음보다 몸무게가 줄고 그 빛을 조금씩 잃지만 혜성 궤도에 남아 있던 부스러기는 또 하나의 멋진 광경을 선물하곤 해요. 혜성이 지나간 자리를 지구가 통과하면 혜성 부스러기가 밤하늘에 유성이 되어 쏟아져 내리거든요. 이렇듯 혜성은 멋진 꼬리와 유성우라는 두 가지 우주쇼를 보여 준답니다.

혜성의 꼬리는 왜 생기는 건가요?

혜성의 빛나는 꼬리는 많은 과학자들에게 풀리지 않는 의문 가운데 하나였어요. 그러나 혜성의 신비가 하나씩 벗겨지면서 꼬리의 정체도 밝혀지게 되었어요.

1949년, 미국의 천문학자 프레드 휘플(1906~2004)은 혜성이 얼음 덩어리라는 것을 밝혀냈어요. 이 얼음 덩어리가 태양 가까이 오면 태양열에 의해 증발되면서 얼음 속에 있던 암석과 먼지 부스러기들이 드러나는 것이지요. 얼음은 녹아 증발되고, 남은 먼지구름들이 햇빛을 받아 반사함으로써 희뿌연 안개처럼 보여요. 이때 두 개의 꼬리를 볼 수 있는데, 하나는 먼지와 금속으로 구성된 흰빛의 먼지 꼬리고 또 하나는 이온화된 기체로 구성된 푸른빛이 도는 이온 꼬리랍니다. 먼지

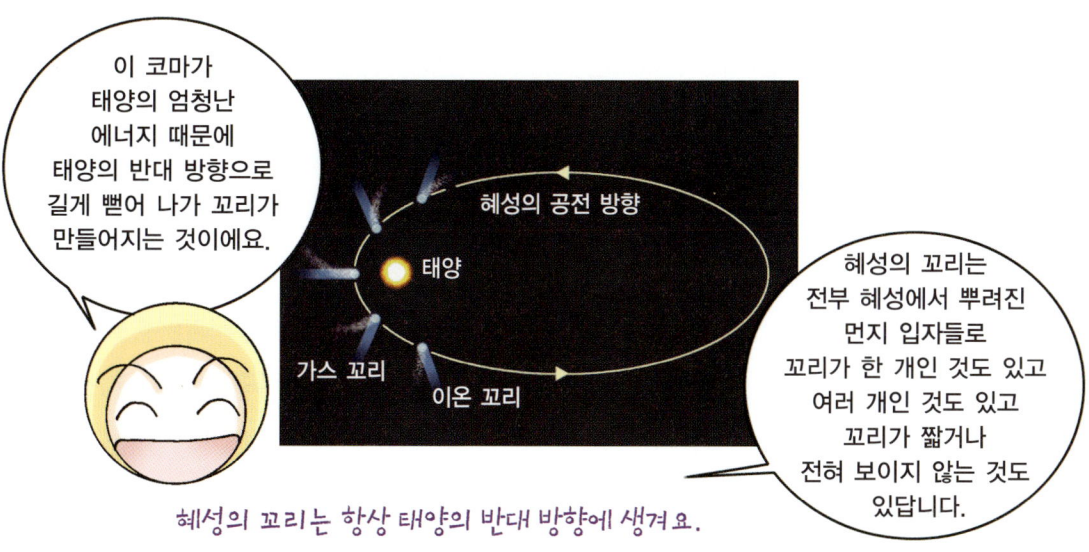

혜성의 꼬리는 항상 태양의 반대 방향에 생겨요.

꼬리는 혜성의 진행 반대 방향으로 곡선을 그리고 이온 꼬리는 태양풍에 의해서 태양 반대 방향으로 꼬리가 생겨요.

안개처럼 뿌옇고 둥근 머리에 긴 꼬리를 달고 수십 년 만에 한 번씩 나타나는 혜성을 옛날 사람들은 두려움의 대상으로 여겼어요. 불쑥 나타났다가 사라지는 혜성이 나타나는 그 해에는 전쟁이나 질병 등의 재앙을 가져온다고 믿었기 때문이지요.

두려움의 대상으로 여겨졌던 혜성은 뉴턴이 만유인력의 법칙을 발견한 후에 태양의 둘레를 공전하는 별 중의 하나일 것이라고 짐작하기 시작했어요. 뉴턴의 친구이기도 한 천문학자 핼리는 혜성 연구에 힘쓴 결과, 혜성이 태양의 둘레를 궤도를 그리며 공전한다는 사실을 밝혀냈어요. 그는 자신이 발견한 혜성은 한 번 공전하는 데 75~76년이 걸린다고 발표했는데요. 이것이 바로 핼리 혜성이에요. 최근에 혜성이 태양에 가장 가까운 지점을 통과한 것은 1986년 2월이었답니다.

별똥별의 정체는 뭔가요?

공해로 뒤덮인 도시를 벗어나 마음먹고 10~20분 정도만 하늘을 바라보면 한두 개의 별똥별을 꼭 만날 수 있어요. 마음속에 간직했던 소원이 있다면 한번쯤 별똥별을 찾아 떠나 보세요.

별똥별, 즉 유성은 우주 공간을 떠다니는 티끌이나 먼지, 암석의 파편 덩어리에서 비롯돼요. 이런 알갱이를 유성체라고 하는데 소행성끼리의 충돌로 부서져 나오기도 하고 태양에 가까워진 혜성이 꼬리를 만

혹시 별똥별을 별이 싼 똥이라고 생각하는 사람은 없겠지요?

별똥별은 유성이라고도 하는데 지구 대기에 우주의 티끌이나 먼지, 암석의 파편이 떨어지면서 마찰에 의해 타 버리며 빛을 내는 천체를 말해요.

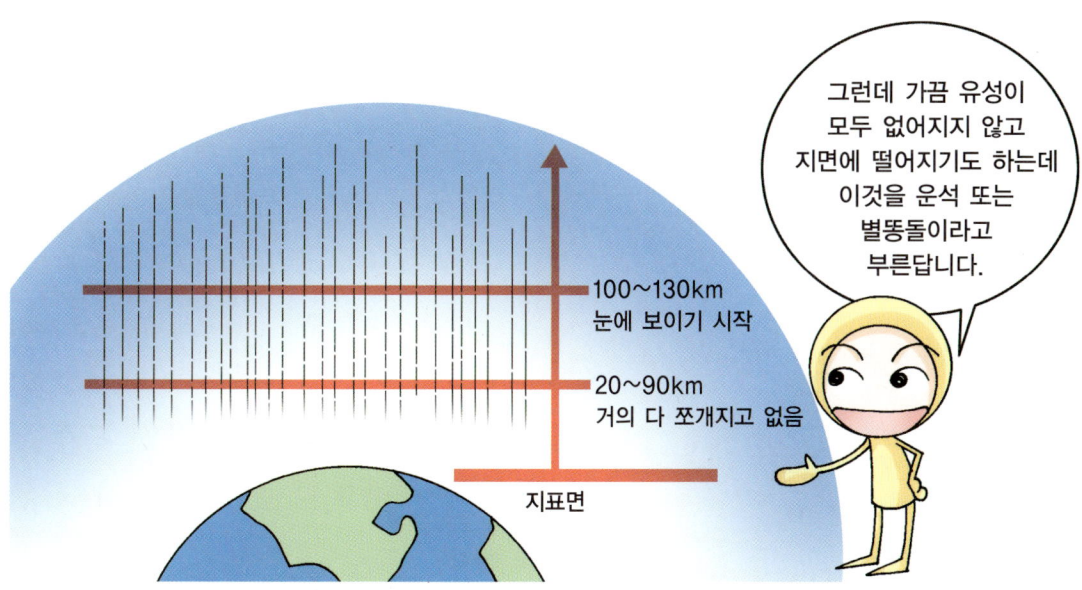

들면서 지나는 길에 뿌리기도 해요. 우주 공간을 헤매던 유성체는 어느 순간 지구의 중력에 이끌려 떨어져 대기권과 만나고 바로 이때 엄청난 마찰과 열 때문에 표면이 녹아 타 내리면서 빛을 내지요.

유성에는 두 종류가 있어요. 하나는 산발 유성으로 아무 때나 아무 방향으로 떨어지기 때문에 언제, 어느 곳에서 떨어질지 예측할 수 없어요. 다른 하나는 유성우로 어느 특정한 시기에 일정한 방향에서 유성체가 한꺼번에 쏟아지는 현상을 말해요. 대부분의 유성우는 혜성 때문에 생기며, 그 원인을 제공한 혜성을 '모(母)혜성'이라고 불러요. 예를 들어 10월에 떨어지는 오리온자리 유성우의 모혜성은 핼리 혜성이지요.

유성우는 해마다 같은 시기에 볼 수 있어요. 유성우를 관찰해 별 지도에 그려 보면 어느 한 점에서 사방으로 뻗어 나가듯이 보여요. 이 점을 '복사점'이라고 해요. 유성은 모두 나란히 대기권으로 들어오지만 착시 현상 때문에 사방으로 뻗어 나가는 것같이 보일 뿐이에요. 가령 페르세우스자리 유성우라고 하면 이 유성우의 복사점이 페르세우스자리에 있는 거랍니다.

제4장

우주 관찰
(우주를 느끼고 싶어요)

　많은 친구들이 책에서 본 환상적인 천체들을 천체 망원경으로 직접 볼 수 있길 바라겠지만, 실망스럽게도 그 정도까지는 보이질 않아요.
　아마 여러분이 살 수 있는 천체 망원경은 아무리 좋은 것이라 해도, 지름 80밀리미터 이하의 굴절 망원경이나 210밀리미터 이하의 반사 망원경 정도일 거예요. 하지만 이런 망원경들로는 책에서 본 화려한 성운의 모습을 볼 수가 없어요.

우리가 직접 관측할 수 있는 천체는 어디까지인가요? 중에서

천문학의 아버지라 불리는 사람은 누군가요?

◆ 〈아스트롤라베〉

천문학자들은 아스트롤라베를 이용하여
시간을 파악하거나 특수한 천체 현상을 예측했어요.

내가 아스트롤라베를
발명한 히파르코스지요.
좀 어설프긴 했지만
지구에서 달까지의 거리를
측정해 내기도 했답니다.

히파르코스

천문학의 아버지이자 고대의 세계 최고 천문학자로 불리는 사람은 히파르코스(BC 160~BC 125)라는 사람이에요. 히파르코스는 하늘에서 천체의 위치를 측정하는 도구인 아스트롤라베를 발명했지요. 이것은 1600여 년 뒤 망원경이 발명될 때까지 천문학자들이 사용하던 주요 도구였답니다.

히파르코스는 별의 위치에 관심이 많았어요. 그래서 바빌로니아 인들이 기록한 방대한 천문 자료와 자신이 직접 얻은 정보를 합쳐 고대 세계의 행성들의 지도와 1,000여 개의 항성 목록을 작성했어요. 거기에는 각 별의 좌표와 하늘에서의 위치와 밝기가 표시되었지요. 히파르코스는 별들을 밝기에 따라 분류했는데 그의 분류법은 오늘날까지도 쓰이고 있어요.

히파르코스의 가장 큰 업적이라면 최초로 달까지의 거리를 정확히 계산해 낸 것이랍니다. 그의 계산은 매우 정확해 현대의 과학자들을 놀라게 했어요.

그는 달이 지구 지름의 약 36배 되는 거리에 있다는 결론을 내었어요. 즉 지구에서 달까지의 거리는 38만 5,000킬로미터라는 것을 밝혀낸 것이지요. 물론 당시엔 아무도 그의 말을 믿지 않았지요.

그러나 이 계산은 1609년 갈릴레이의 망원경을 이용한 관측을 통해 사실로 확인되었어요. 히파르코스의 계산은 현대 천문학자들이 계산한 결과와도 거의 일치한 것이지요.

이밖에도 히파르코스는 제자에게 지구의 크기를 정확하게 잴 수 있는 방법을 가르쳤답니다. 히파르코스는 천문학에 있어서 커다란 업적을 남겼지만, 안타깝게도 저서가 전해지지 않아요. 훗날 다른 과학자의 기록으로 유추할 뿐이지요.

> 히파르코스는 달이 지구 지름의 약 36배 되는 거리에 있다는 결론을 내었어요.

망원경을 최초로 발명한 사람은 누군가요?

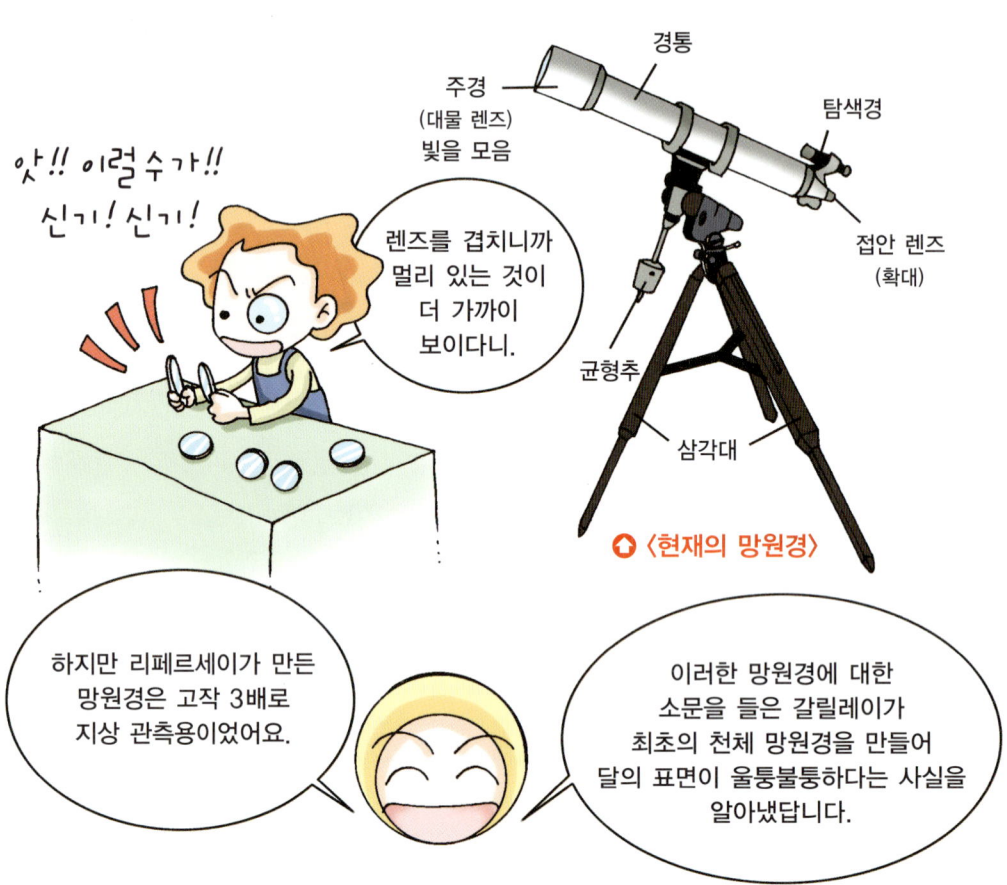

최초의 망원경은 1608년, 네덜란드의 안경 만드는 사람인 '리페르세이(1570~1619)'가 발명한 것으로 기록되어 있어요. 그때 망원경의 배율은 3배로, 지상 관측용이었다고 해요. 리페르세이는 안경 만드는 일을 하다가 우연히 두 렌즈를 적당한 거리에 두고 보면 먼 곳의 물체가 가깝고 크게 보인다는 것을 발견하고는 길쭉한 통에 렌즈를 넣어 망원경을 만들었답니다. 당시 망원경을 가장 반긴 곳은 군대였어요. 그 당시 해상 전투에서는 상대방의 배를 먼저 발견하는 것이 중요했거든요. 망원경은 이러한 전술에 큰 도움을 준 것이지요.

당시 45세였던 갈릴레이는 먼 곳의 물체를 가까이에서 보는 것처럼 볼 수 있는 망원경이 발명되었다는 이야기를 듣고, 자신도 망

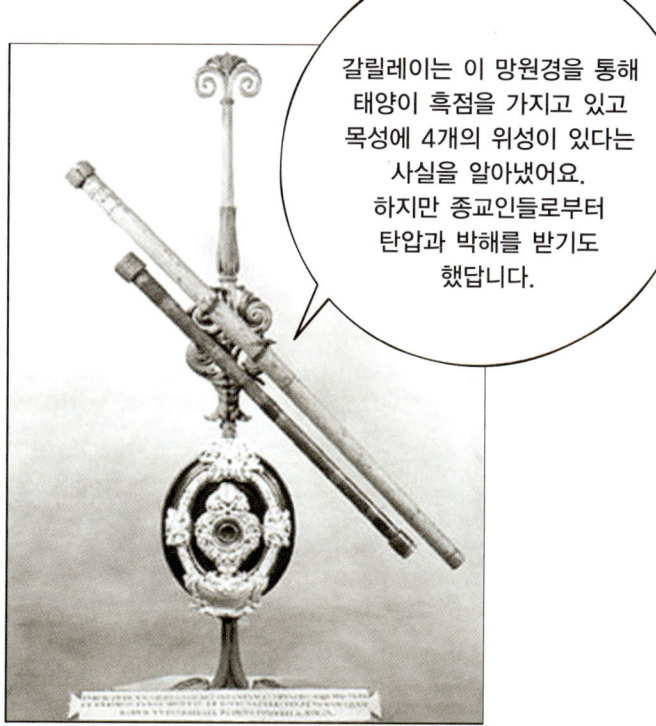

○ 〈갈릴레이가 최초로 만든 망원경〉

원경을 실험해 보고 싶어졌어요. 그래서 그는 여러 가지 렌즈를 짜 맞추어 망원경을 만들어 냈답니다.

갈릴레이가 처음에 만든 망원경의 배율은 오늘날의 쌍안경과 비슷했어요. 그는 자신이 만든 망원경 중 하나를 당시의 베네치아 총독에게 보냈는데, 이것으로 망원경의 군사적, 상업적 가치는 곧바로 인정을 받을 수 있었어요. 항구에서 두 시간 거리에 있는 배들을 처음으로 볼 수 있었기 때문이지요.

1609년에 갈릴레이는 망원경을 더욱 개선시킨 다음, 그것으로 하늘을 바라보았어요. 그리고 이를 통해 천문학에서 가장 중요한 발견을 몇 가지 이루게 되었답니다.

달의 분화구를 최초로 발견한 사람은 누군가요?

위대한 천문학자 갈릴레오 갈릴레이! 갈릴레이는 자신이 만든 천체 망원경으로 달의 표면이 울퉁불퉁하다는 것을 알아냈는데

그 울퉁불퉁한 것이 바로 달의 분화구 즉 지금의 크레이터랍니다.

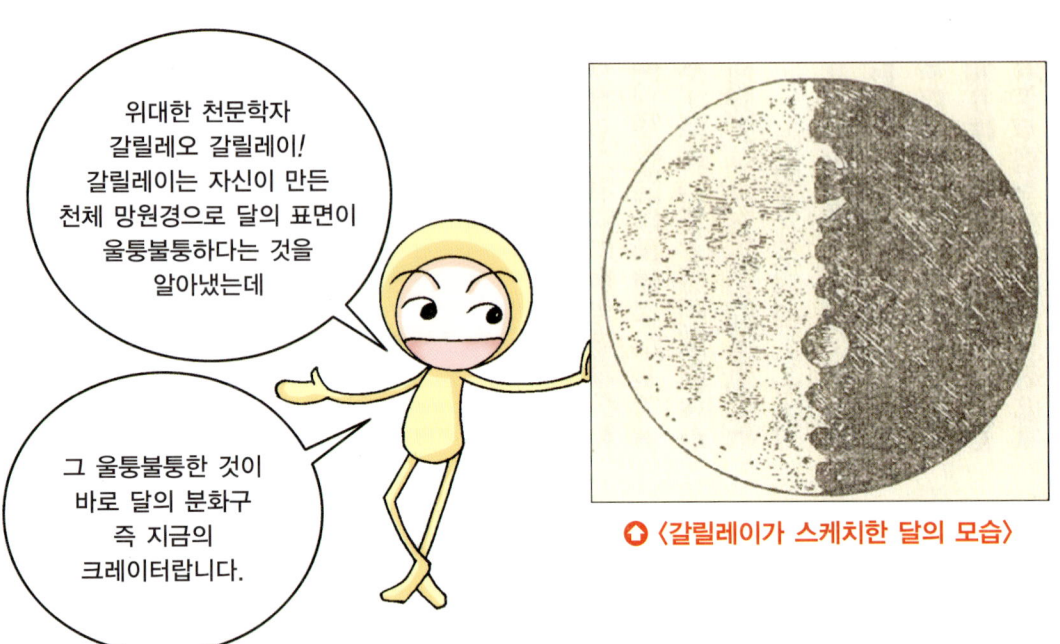

◐ 〈갈릴레이가 스케치한 달의 모습〉

앞 장에서 갈릴레이가 천문학에서 가장 중요한 발견을 몇 가지 이 뤄냈다고 했지요? 과연 어떤 발견들을 했는지 살펴볼까요?

우선 갈릴레이는 최초로 달에서 크레이터와 산맥을 발견했어요. 그 자신도 달의 경치가 지구와 너무나도 비슷한 것에 충격을 받았어요. 달 표면은 반반한 구면이 아니라, 산과 계곡과 크레이터로 뒤덮여 있었던 것이지요. 또 달의 어두운 부분이 지구에서 반사된 빛(지구조)을 받아 약간 밝아진 것도 발견했어요.

이 사실로부터 갈릴레이는 지구도 다른 행성들처럼 햇빛을 받아 빛을 낸다는 사실을 증명했어요.

그 뒤에 목성을 보게 된 갈릴레이는 천체 망원경을 통해 눈으로는 보이지 않던 목성의 위성 4개를 발견했어요. 후에 갈릴레이가 발견한 목성의 위성 4개를 '갈릴레오의 4대 위성'이라고 부르게 되었답니다.

뿐만 아니라 갈릴레이는 토성도 관찰해서 고리를 발견했어요. 토성의 고리가 갈릴레이의 눈에는 마치 사람의 귀처럼 보여, '토성에 귀가 있다.'라고 했답니다. 그것이 나중에야 고리라고 밝혀진 것이지요. 그 밖에도 금성이 달처럼 모양이 변한다는 사실 등 여러 가지 발견을 했답니다.

배율이 높은 망원경이 좋은 망원경인가요?

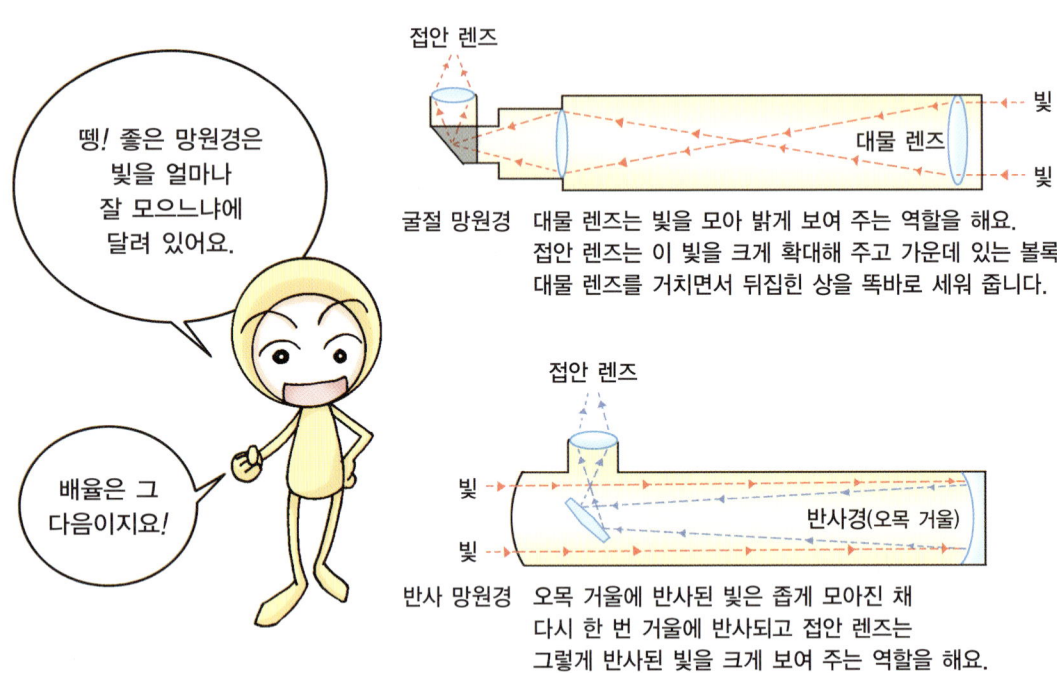

천체 망원경을 고를 때 가장 중요한 요소는 무엇일까요? 그것은 '희미하게 보이는 별을 얼마나 또렷하게 볼 수 있는가'입니다.

많은 초보 천문가가 비싸게 산 망원경에 실망을 하는 경우가 종종 있어요. 그런 망원경들은 대단히 높은 배율이라고 선전하지만 그들의 높은 기대에는 못 미치게 되지요. 왜냐하면 아마추어들은 천체 망원경에서 배율을 가장 중요한 것으로 잘못 알고 있기 때문이에요.

그러나 망원경의 주요 임무는 빛을 모으는 일이에요. 아주 멀리 떨어져 있는 천체들은 그 빛이 매우 약하기 때문에 망원경이 더 많은 빛을 모을수록 우주를 더 깊이 들여다보는 역할을 하게 됩니다. 결국 중요한 것은 어두운 천체의 빛을 잘 모으는 것이지요.

천문학자들은 사진술을 이용하여 관측을 하기도 해요. 우리의 눈은 단지 우리의 망막 위로 떨어지는 빛의 입자들만을 보지만 사진 건판은 몇 시간 넘게 그런 빛의 입자들을 모을 수 있거든요. 요즘에는 사진 건판을 보완한 성능 좋은 검출기가 등장했고 대부분 여기에는 극도로 빛에 민감한 전자칩(CCD, 빛이 부딪힐 때 이를 전기적인 신호로 바꾸는 반도체로 전하 결합 소자라 부른다)이 장착되어 있답니다. 이런 최첨단 검출기는 빛의 입자를 최대한 넓은 면적으로 잡을 수 있지요.

근본적으로 망원경은 빛의 입자를 모을 수 있어요. 이런 작용을 하기 위해서 굴절 망원경에는 볼록 렌즈가 있고, 반면에 반사 망원경에서는 오목 거울이 같은 목적으로 사용된답니다. 일단 잡힌 빛은 또 다른 거울이나 렌즈를 이용해서 고정되고 마침내 관찰자의 눈으로 집중되어 들어오게 되요. 또는 대형 망원경의 경우에는 빛에 민감한 칩으로 들어오지요.

확대를 하는 것, 곧 배율을 높이는 것은 원칙적으로 어떤 망원경이든 수치상으로 원하는 만큼 높일 수 있어요. 하지만 망원경에서 가장 효과적인 배율은 물체의 크기에 의해 좌우돼요. 그러므로 무턱대고 배율이 높은 망원경이 최고라는 생각은 버려야 한답니다.

우리가 직접 관측할 수 있는 천체는 어디까지인가요?

만약 천체 망원경을 사서 밤하늘을 관측했을 경우 우리가 직접 관측할 수 있는 천체는 어디까지가 될지 궁금한 친구들이 많을 거예요. 많은 친구들이 책에서 본 환상적인 천체들을 천체 망원경으로 직접 볼 수 있길 바라겠지만, 실망스럽게도 그 정도까지는 보이질 않아요.

아마 여러분이 살 수 있는 천체 망원경은 아무리 좋은 것이라 해도, 지름 80밀리미터 이하의 굴절 망원경이나 210밀리미터 이하의 반사 망원경 정도일 거예요. 하지만 이런 망원경들로는 책에서 본 화려한 성운의 모습을 볼 수가 없어요. 실제로 책에서 본 성운과 성단의 화려한 모습은 지름이 몇 미터나 되는 거대한 망원경으로 관측한 것이거나, 우

우리가 산 망원경으로 직접 볼 수 있는 천체는 수성, 금성, 화성, 목성, 토성과 달 정도일 거예요.

물론 태양도 볼 수는 있지만 태양을 맨눈으로 본다면 시력에 상당한 문제가 생기므로 조심해야 해요.

성운과 성단은 잘 보이지 않아요.
이러한 사진들은 거대한 망원경 또는 우주 망원경으로 촬영된 것들이랍니다.

주 망원경으로 관측한 모습에 컴퓨터를 사용해 색을 입힌 거랍니다.

여러분이 산 망원경으로 볼 수 있는 가장 인상적인 천체는 아마 토성일 거예요. 토성의 고리가 또렷하게 보이거든요. 렌즈를 통해 토성과 고리의 생생한 모습을 본다면, 사진을 보는 것과는 또 다른 재미와 흥분을 느낄 수 있을 거예요.

달을 보는 것도 재미있어요. 그런데 달은 반달 또는 그보다 적게 남아 있을 때 관측하는 것이 좋아요. 보름달일 때 관측하면 너무 밝아서 오히려 달의 표면을 자세히 보기 어렵거든요.

수성, 금성, 화성, 목성, 토성 등 행성을 찾아보았다면, 성운과 성단도 한번 찾아보세요. 성운과 성단은 도시에서는 잘 보이지 않아요. 행성들과는 비교도 되지 않을 정도로 멀리 있어서 빛이 희미하기 때문에, 주위에 다른 불빛이 있으면 볼 수 없거든요. 그래서 성운과 성단을 관측하려면, 불빛이 없는 산꼭대기로 올라가는 것이 가장 좋은데요. 너무 큰 기대는 하지 않는 게 좋아요. 고생하면서 올라가도 사진에서 본 것처럼 붉고 푸른 또렷한 모습을 볼 수는 없거든요. 그래도 저 멀리 우주를 직접 관찰할 수 있다는 것은 정말 황홀한 일임에 틀림없답니다.

사진 관측을 하려면 어떤 준비물이 필요한가요?

천체 사진을 찍는 것은 일반 사진을 찍는 것과는 다른 점이 있어요.

자전하는 지구 위에서 천체를 겨냥하기 때문에 일주 운동에 대해서도 알아야 하고 엷은 천체의 빛을 잡기 위해 장시간 노출을 줘야 해요.

누구나 즐거웠던 때의 사진을 보면서 당시의 일을 기억하기 좋아하는데요. 이처럼 밤하늘의 모습을 사진으로 찍어 두고 간직하고 싶은 친구들이 많을 거라고 생각해요. 그럼 천체 사진을 찍으려면 어떻게 해야 할까요?

우선 천체 사진을 찍기 위해서는 준비해야 할 것들이 있어요. 가장 기본적인 준비물은 사진기와 삼각대라고 할 수 있지요.

요즘에는 디지털카메라도 대부분 수동 기능이 있어서 DSLR뿐만 아니라 소형 디카로도 훌륭한 천체 사진을 찍을 수 있어요. 삼각대는 천체 사진을 찍을 때는 오랜 시간 노출해야 하므로, 작은 진동이나 바람에 흔들리지 않도록 튼튼한 것을 선택해야 하지요.

밤하늘 깊숙이 은하나 성운·성단을 찍기 위해서는 별자리 지도가 반드시 필요하고요. 별자리 등 큰 범위를 찍을 때는 별자리 조견판이 편리해요. 물론 찍기 전에 미리 찍을 곳의 범위를 기록해 두면 촬영하는 데에 도움이 되겠지요.

디카로 천체 사진을 찍으려면 기본적으로 셔터 스피드, ISO 설정, 조리개 설정 이 3가지를 알아야 한답니다. 셔터 스피드는 최대치(보통 30초)로 설정하고 ISO 또한 100에서 1600 중 최대치로 설정해야 해요. 감도가 높아질수록 화질은 거칠어지지만 일단 별이 찍히는 것이 중요하기 때문이지요. 마지막으로 조리개 설정도 최댓값으로 해야 해요. 조리개는 숫자가 낮을수록 최댓값이랍니다. 이렇게 설정한 뒤에 별을 찍어 보고 너무 밝다면 설정 값을 조금씩 바꿔 보세요. 곧 적절한 설정 값을 찾을 수 있을 거예요.

3가지 설정을 하는 이유는 밤하늘이 어둡기 때문이에요. 그래서 오랫동안 밝게 촬영해야 별을 찍을 수 있는 거랍니다.

또 한 가지, 천체 사진을 촬영한 후에는 촬영 자료를 반드시 기록해야 해요. 촬영 대상이나 촬영했을 때의 여러 가지 수치를 기록해 두면 촬영에 실패해도 다음 촬영 때 중요한 자료가 될 수 있거든요.

> 별자리 조견판은 지구 상의 특정한 지점에서 보이는 천구도를 한 장의 원반 위에 그리고 그 위에 타원형 구멍이 뚫린 다른 원반을 겹쳐 만든 것이에요.

> 처음부터 이런 천체 사진을 기대하긴 힘들겠지만 많은 관심과 노력을 들이면 언젠가 멋진 사진을 찍을 수 있을 거예요.

우리나라 사람들은 언제부터 우주를 관측했나요?

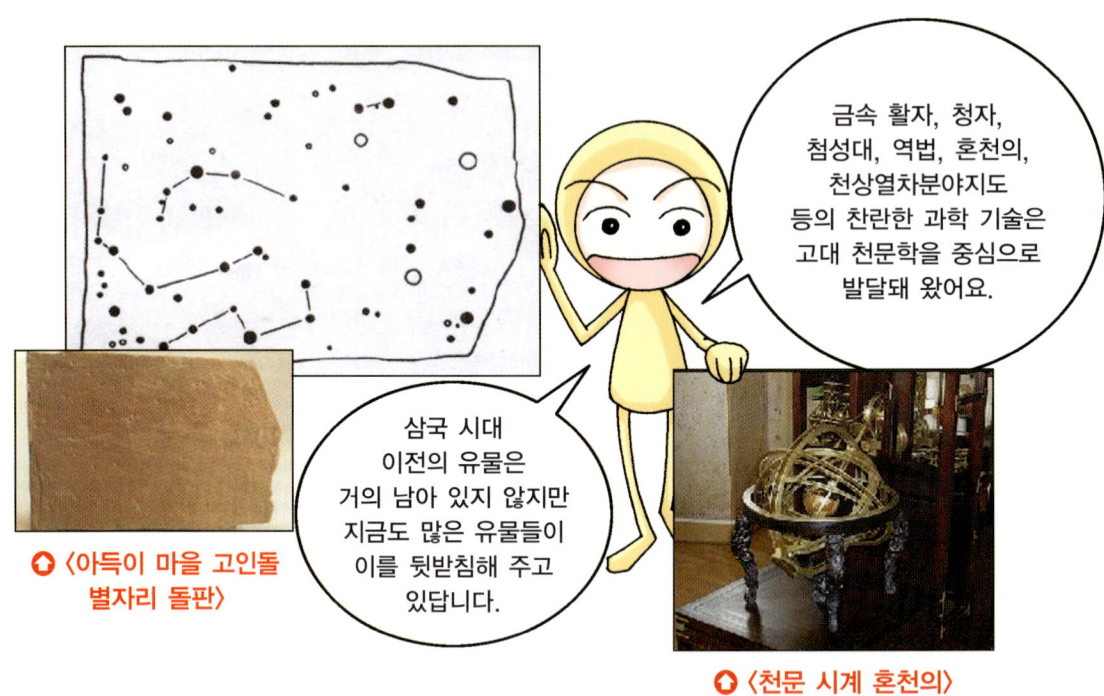

금속 활자, 청자, 첨성대, 역법, 혼천의, 천상열차분야지도 등의 찬란한 과학 기술은 고대 천문학을 중심으로 발달돼 왔어요.

삼국 시대 이전의 유물은 거의 남아 있지 않지만 지금도 많은 유물들이 이를 뒷받침해 주고 있답니다.

○ 〈아득이 마을 고인돌 별자리 돌판〉

○ 〈천문 시계 혼천의〉

우리나라는 비교적 일찍부터 천문 관측을 해왔어요.

삼국 시대 전의 유물은 거의 남아 있지 않아서 공식적인 인정을 받지는 못하지만, 삼국 시대부터만 살펴봐도 우리나라 왕들이 시계 같은 천문 장치나 하늘을 관찰하는 천문대를 만드는 데 많은 힘을 썼다는 사실을 알 수 있지요.

특히 지난 2000년쯤부터, '아득이 돌판'이라고 이름 붙인 유물이 학자들 사이에서 주목을 받기 시작했어요.

아득이 돌판은 충청북도 청원군 '아득이 마을'에 있는 고인돌 바로

⬆ 〈천상열차분야지도〉
조선 시대의 천문도

⬆ 〈첨성대〉
신라 시대
별을 관측하던 곳

⬆ 〈관천대〉
조선 시대 별을 관측하던 곳

옆에서 발견된 커다란 돌판인데요.

이 돌판이 중요한 이유는, 여기에 큰곰자리, 작은곰자리, 용자리, 카시오페이아자리 등의 별자리가 그려져 있기 때문이에요.

게다가 아득이 돌판은 아주 오랫동안 땅속에 묻혀 있었기 때문에, 이 별자리들도 청동기 시대에 새겨졌을 가능성이 높지요.

이외에도 우리나라에는 정말 엄청난 천문학 유산이 있어요. 고구려 고분도에 그려져 있는 천문도와 삼국 시대부터 사용한 해시계, 《고려사》라는 책에 있는 매우 정확한 천문 기록 5,000여 개가 바로 그것이랍니다.

083

별을 관측하기 좋은 곳은 어디인가요?

망원경은 집에서 사용하기에 값이 무척 비싸지요. 별을 관측할 장소를 찾는 것도 쉽지 않고요. 이럴 때는

가까운 천문대를 이용하면 좋아요. 일반인들을 위해 문을 열어 놓은 천문대들이 많이 있답니다.

별을 좋아하는 사람들이 찾아가 볼 만한 천문대는 여러 곳이 있어요. 대체로 1박 2일 과정의 프로그램이 있어서 별자리 익히기, 망원경 조작법, 천체 슬라이드 상영, 밤하늘 여행의 기초 과정을 교육받을 수 있고요. 크고 작은 망원경으로 천체를 관찰해 보는 즐거움도 느낄 수 있답니다.

A. 안성천문대 (경기도 안성시 미양면 강덕리 031) 677-2245)
: 주 망원경은 5미터 원형 돔에 있는 400밀리미터 자동 망원경이며 여러 대의 교육용 망원경이 있어요. 관측 장비가 많고 강사진도 탄탄해 알기 쉽게 교육을 받을 수 있어요. 잘 짜여진 프로그램이 있어 학생들이 단체로 이용하기에 좋다고 해요.

B. 코스모피아 (경기도 가평군 하면 상판리 031) 585-0482)
: 명지산 중턱에 있는 코스모피아에는 400밀리미터 자동 망원경과 여러 대의 중소형 망원경이 있어요. 주변에 계곡이 있고, 천연림이 울

창한 명지산 산책로를 함께 즐길 수 있답니다. 대도시와 멀리 떨어져 있어 공해 없는 깨끗한 밤하늘을 볼 수 있어요.

C. 덕초현 천문인 마을 (강원도 횡성군 강림면 월현리 033) 342-9023)

: 영동고속도로 근처로 해발 650미터의 언덕에 있으며 주위 경관도 수려해요. 주 망원경은 11인치 반사 망원경이며 천문 동아리 회원이 강사로 참여해 쉬운 설명을 들을 수 있답니다. 50여 명이 묵을 수 있는 숙박 시설도 있어요.

D. 국제 천체 관측소 (전남 담양군 수북면 태방리 061) 382-7456)

: 광주광역시에서 멀지 않은 담양의 병풍산에 위치해 있어요. 150밀리미터 굴절 망원경과 80밀리미터 굴절 망원경 4대가 있답니다. 국제 청소년 교육 재단이 운영하는 청소년 수련원에 식물원, 민속자료실, 자연박물실 등이 있어요.

E. 별마로 천문대 (강원도 영월군 영월읍 영흥리 033) 374-7460)

: '별을 보는 고요한 정상'이란 뜻의 별마로 천문대는 영월의 봉래산 정상에 위치해 있어요. 해발 800미터 정상에 위치한 8미터 원형 돔의 주관측실에는 800밀리미터 반사 망원경이 설치되어 있어 우주의 실제 모습을 자세히 관찰할 수 있답니다. 이외에도 교육관, 전시실, 시청각실, 천체 투영실 등이 있어 별에 관한 다양한 정보를 배울 수 있을 거예요.

F. 세종 천문대 (경기도 여주군 강천면 부평리 031) 886-2200)

: 660밀리미터 반사 망원경과 여러 대의 중소형 망원경이 있어요. 1998년 6월에 문을 열어 깨끗한 시설과 최신 장비가 자랑이지요. 낮 시간을 이용해 야생화 관찰, 래프팅, 도자기 제작 등의 체험도 할 수 있답니다.

제 5장

우주 탐험
(인공위성, 우주 정거장 외)

　2008년 4월 8일, 한국 최초의 우주인이 탄생했어요. 한국 최초의 우주인 이소연 씨는 대한민국의 꿈을 싣고 우주로 날아올랐답니다.
　마침내 우주 강국을 향한 첫발을 내딛고, 우리 국민의 '희망'을 우주에 쏘아 올렸지요. 이로써 우리나라는 전 세계 36번째 우주인 배출국이 되었고요, 이소연 씨는 아시아의 두 번째 여성 우주인이 되었답니다.

한국 최초의 우주인은 누구인가요? 중에서

본격적인 우주 탐사는 언제부터 시작됐나요?

우리 소련의 스푸트니크 1호의 임무는 대기 상층부의 밀도 등을 파악하는데 도움을 주고 무선 신호를 송출해 과학자와 전 세계 무선 교환원이 받아 보게 하는 것이었답니다.

- 발사 : 1957년 10월 4일
- 크기 : 지름 58센티미터
- 무게 : 83.6킬로그램

◐ 〈스푸트니크 1호〉
발사 3개월 만에 궤도 이탈 후 소멸됨

　사람들은 아득한 옛날부터 우주를 동경하고 또 관찰해 왔어요. 하지만 우주는 너무나 멀고 먼 미지의 공간이었지요. 1900년대 초반에 비행기가 개발되긴 했지만, 비행기는 지구의 대기권 밖으로 나가지 못하기 때문에 우주는 여전히 갈 수 없는 곳이었어요.
　그러다 본격적인 우주 탐사는 제2차 세계 대전이 끝난 후, 미국과 옛 소련(지금의 러시아)의 경쟁에 의해 시작되었어요.
　특히 두 나라는 국가적 자존심을 걸고 먼저 인공위성을 발사하기

◐ 〈달 착륙선〉

◐ 〈최초로 달에 찍힌 발자국〉

하지만 최초의 달 착륙은 우리 미국의 아폴로 11호였다는 말씀!

위해 경쟁을 시작했어요. 결국 1957년 10월 4일, 옛 소련이 최초의 인공위성 스푸트니크 1호를 발사하는 데 성공하면서 본격적인 우주 개발 시대를 열게 되었답니다.

최초의 인공위성 발사에서 옛 소련에게 진 미국은 사람이 탄 '최초의 유인 우주선'을 개발하기 위해 최선을 다했지요. 하지만 그것마저도 옛 소련에 지고 말았어요. 1961년 4월 12일, 유리 가가린이라는 우주 비행사를 태운 옛 소련의 우주선 보스토크 1호가 우주 비행에 성공했거든요. 그런 뒤 두 나라는 달 착륙을 놓고 경쟁을 벌였어요. 1969년 7월 20일, 아폴로 11호의 달 착륙선 '독수리'가 달에 착륙해서 달 착륙 경쟁은 미국의 승리로 돌아갔어요.

지금도 선진국들은 우주 개발에 열을 올리고 있어요. 하지만 지금의 기술력으로 사람이 갈 수 있는 곳은 기껏해야 달밖에 없어요. 그리고 달이나 화성에 착륙했다 하더라도, 그곳은 금방 사람이 살 수 있는 곳은 아니랍니다.

우주여행을 하는 데 돈이 많이 드나요?

당장은 힘들더라도 언젠가 인간의 우주여행은 흔하게 이루어질 거예요. 너무 뻔한 답 같지요? 문제는 우주여행이 언제쯤 가능해질 것인가인데요. 아마도 100년 후? 아니면 50년 후에? 어쩌면 우리 세대엔 불가능할지도 모르지요.

하지만 우리가 다른 별들로 여행을 하는 것이 아니라 그냥 지구를 살짝 빠져나가 우주선을 타고 두둥실 떠다니면서 창밖으로 파란 지구를 구경해 보고 싶다면, 그것은 몇 년 안에 가능할 거예요. 그런데 우주여행에는 한 가지 쉽게 넘어갈 수 없는 문제가 있어요. 바로 돈이랍니다. 돈이 엄청 들어간다는 것이지요.

지난 1989년 달 착륙 20주년을 기념하여 미국의 조지 부시 대통령은 인류가 화성에 도달하는 데 필요한 계획안을 제출하라고 요구했다고 해요.

그래서 항공우주국이 30년 계획으로 4,500억 달러가 필요하다는 답을 내놨지요. 1달러를 1,000원으로 환산하면 우리 돈으로 450조 원이라고 해요.

왜 이렇게 많이 돈이 필요

> 미국의 한 업체에서는 30분 정도만 우주여행을 할 수 있는 우주선을 개발하고 있는데 그 여행 경비는 우리나라 돈으로 약 1억 원 정도가 든다고 하네요.

> 하지만 이것도 결코 쉬운 일은 아닐 거예요. 우주를 여행할 수 있는 우주선을 만드는 비용도 엄청나게 들 테니까요.

할까요?

  그 이유는 비행선이 커야 하기 때문이에요. 그리고 비행선이 커야 하는 이유는 오랜 기간을 비행해야 하기 때문이지요.

  지구에서 화성까지의 거리는 지구에서 달까지 거리의 약 1,000배에 가깝기 때문에 도착하는 데 6개월은 걸린다고 해요. 이렇게 몇 달씩이나 걸리는 여행을 하기 위한 충분한 연료와 승무원에게 필요한 모든 소모품들을 싣기 위해선 우주선이 클 수밖에 없겠지요.

우주인은 어떻게 뽑나요?

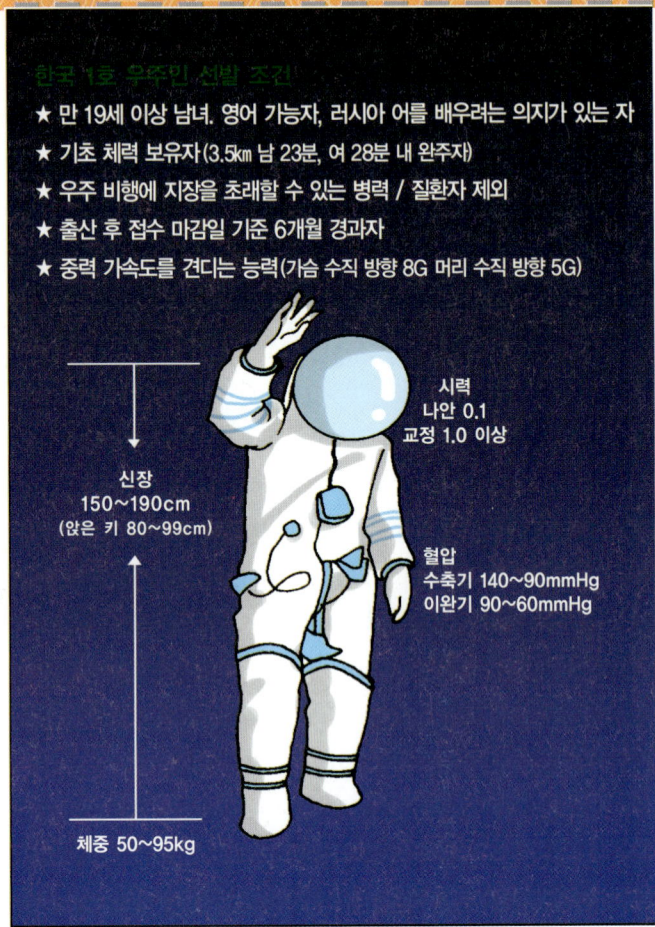

한국 1호 우주인 선발 조건
★ 만 19세 이상 남녀, 영어 가능자, 러시아 어를 배우려는 의지가 있는 자
★ 기초 체력 보유자(3.5㎞ 남 23분, 여 28분 내 완주자)
★ 우주 비행에 지장을 초래할 수 있는 병력 / 질환자 제외
★ 출산 후 접수 마감일 기준 6개월 경과자
★ 중력 가속도를 견디는 능력(가슴 수직 방향 8G 머리 수직 방향 5G)

시력 나안 0.1 교정 1.0 이상
신장 150~190cm (앉은 키 80~99cm)
혈압 수축기 140~90mmHg 이완기 90~60mmHg
체중 50~95kg

사람을 우주로 보내는 데는 고도로 발달한 기술이 필요해요. 그런데 이러한 기술뿐 아니라 체력과 정신력으로 극복해야 할 것들이 한두 가지가 아니에요.

2006년 4월에 대한민국 최초의 우주인 선발 시험이 열렸으며 무려 3만 6,206명이 지원했답니다.

일단 우주인 하면 똑똑한 과학자이면서 신체적으로도 보통 이상의 건강한 사람일 것이라고 예상할 거예요. 물론 체력이 우수하고 똑똑한 과학자라면 더할 나위 없겠지요. 그러나 덜 똑똑하고 박사가 아니어도 우주인이 되는 데는 문제가 없답니다.

미 항공우주국에는 우주인을 선발할 때 팀워크를 가장 중요하게 여긴다고 해요. 혼자 똑똑하고, 혼자 모든 일을 다 수행하는 사람보다는 서로 협조하면서 주어진 임무를 무난하게 수행할 수 있는 사람을 더

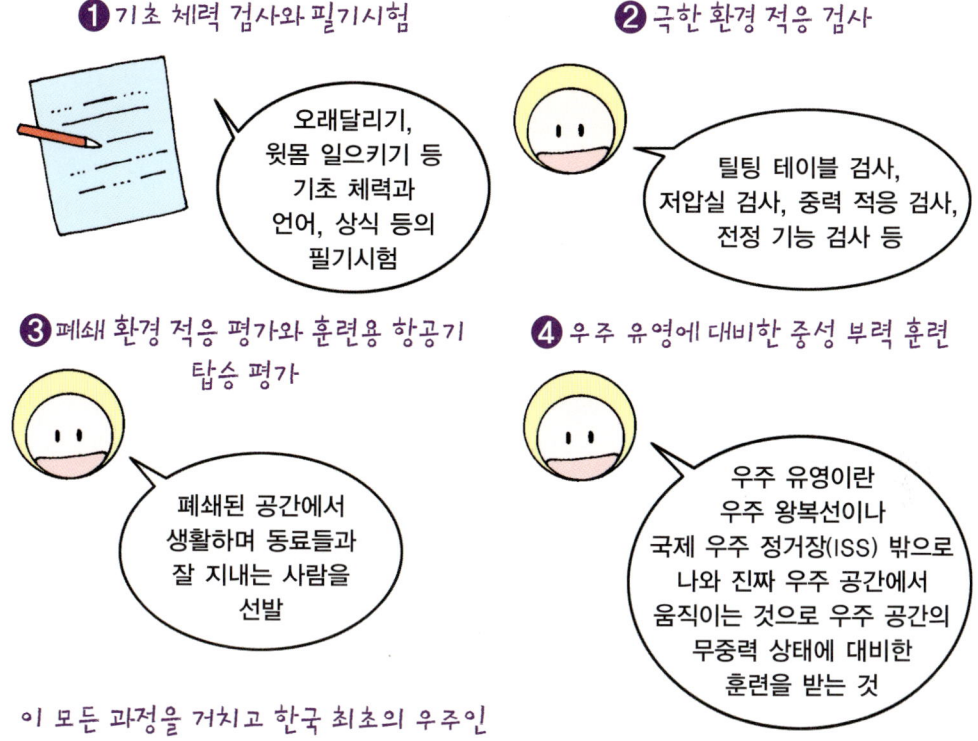

이 모든 과정을 거치고 한국 최초의 우주인 이소연 박사가 탄생한 것이에요.

선호한다는 말이지요.

우주인을 뽑는 선발 기준을 한번 볼까요?

우선 신체 기준은, 공군에서 조종사를 선발하는 기준에 부합하고, 직장(항문) 검사, 유산소 운동 검사, 뇌파 검사, 그리고 심리 검사를 통과하면 된다고 해요. 안경을 쓴다고 해도 문제가 되진 않지만 색맹은 안 된답니다. 조종석의 자판과 계기판들이 각양각색의 색깔로 신호를 보내기 때문이지요. 신체 부자유자도 우주인이 될 수 있어요. 특히 사고나 질병으로 다리가 불편하거나 없는 사람들도 문제가 되지 않아요. 우주에선 자신을 일정 위치에 고정하는 것 외에 다리를 사용하는 일은 거의 없기 때문이지요. 다리는 지상에서 이동을 위해서만 필요한 것이니까요.

한국 최초의 우주인은 누구인가요?

2008년 4월 8일, 한국 최초의 우주인이 탄생했어요. 한국 최초의 우주인 이소연 씨는 대한민국의 꿈을 싣고 우주로 날아올랐답니다.

마침내 우주 강국을 향한 첫발을 내딛고, 우리 국민의 '희망'을 우주에 쏘아 올렸지요. 이로써 우리나라는 전 세계 36번째 우주인 배출국이 되었고요, 이소연 씨는 아시아의 두 번째 여성 우주인이 되었답니다.

이소연 씨를 태운 우주선 소유스 TMA-12호는 이날 오후 8시 16분에 러시아 바이코누르 발사대에서 발사가 되었어요. 소유스호는 초속 1,500미터 속도로 날아올라 9분 48초만에 고도 220킬로미터에 도달한 뒤, 지구를 무려 34바퀴나 돈 뒤에, 10일 오후 10시 지상 350킬로미터에 떠 있는 국제 우주 정거장(ISS) 도킹에 성공했지요.

국제 우주 정거장에서 10일간 머물렀던 우주인 이소연 씨는 18가지의 과학 실험을 수행한 뒤, 19일 오후 3시 35분에 무사히 지구로 귀환했어요.

우주인 이소연 씨가 타고 우주를 다녀온 소유스호는 한 대당 300억 원대로 러시아 우주 과학 기술의 결정체라고 할 수 있어요.

2006년 한국 최초의 우주인 선발에서 최종 선정되어 러시아 현지 훈련을 마치고 2008년 4월 최초의 대한민국 우주인이 된 사람은 바로 이소연 박사예요.

이소연 씨가 입은 우주복 '소콜KV2' 역시 한 벌당 우리 돈으로 5억 원에 달한다고 해요. 러시아 어로 '매'라는 뜻의 이 우주복은 무게만 10킬로그램에 달한답니다. 우주에서 우주인들의 생명을 보호하는 가장 중요한 장치이니만큼 성능이 뛰어나기 때문에 가격이 비쌀 수밖에 없다고 해요.

지구로 무사 귀환한 이소연 씨는 우주 체류 경험이 있는 유일한 한국의 연구자로 각종 우주 프로그램과 관련된 연구 활동을 펼치고 있어요. 앞으로 제2, 제3의 우주인 탄생을 위한 준비 작업도 함께하고 있다고 하니 어린이 여러분도 열심히 공부해서 우주인에 도전해 보는 건 어떨까요?

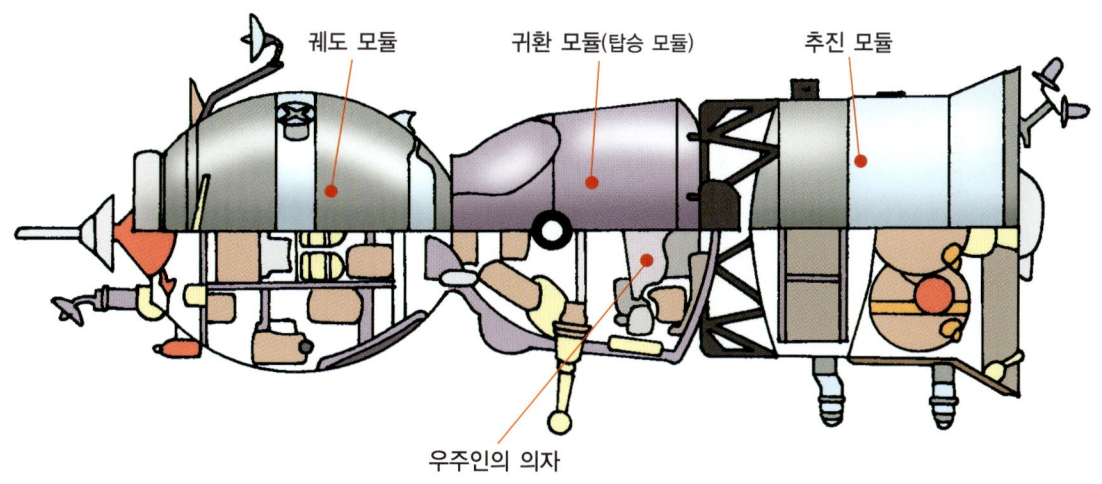

◐ 〈소유스호의 구조〉

한국 최초의 우주인이 우주에서 실시한 임무는 무엇이었나요?

한국 최초의 우주인 이소연 박사는 총 18가지의 실험 임무를 띠고 국제 우주 정거장(ISS)에 열흘 동안 머물렀어요.

여성이자 한국 최초의 우주인인 이소연 씨를 태운 우주선은 2008년 4월 8일 지구를 출발하여, 50시간의 우주 비행을 거쳐 국제 우주 정거장(ISS)에 도착했어요. 이날부터 귀환하기 하루 전날인 4월 18일까지 총 18가지의 과학 실험을 했답니다.

기초 과학 실험으로 '우주 공간에서 식물 발아 생장과 변이 과학 실험'과 '우주 환경이 심장에 미치는 영향', '초파리를 이용한 중력 반응과 노화 유전자 탐색' 등의 과제를 수행했는데요. 특히 초파리는 한 세대가 2주여서 우주 정거장에 체류하는 10일 동안 성체로 성장하는 과정을 관찰할 수가 있었지요. 이 실험 과제들은 과학계와 산업계의 응모를 통해 선정됐답니다. 이외에도 '무중력에서 생기는 얼굴의 변화'가 어떤 것인지를 살피는 연구나, '지구와 우주에서 펜으로 글쓰기의 차이점 비교'와 같은 일반인들이 흥미를 가질 만한 실험도 많이 이뤄졌어요.

실험에 사용된 도구들은 대부분 미세 중력(지구 중력의 10만분의 1 수준) 상태에서 우주인이 간편하게 설치하고 쉽게 작동할 수 있는 단순한 구조로 개발됐어요. 이번 실험의 결과는 우리나라가 미래의 우주 생명 공학 산업을 해 나가는 데 기초 자료로 쓰일 예정이에요. 그런

이 18가지의 실험은 정부에서 일방적으로 정한 것이 아닌 각 분야의 전문가가 발제한 실험 내용 중 기초 과학 실험 13가지와 아이들의 교육을 위한 실험 5가지로 구성되었어요.

우주 부종은 무중력 상태에서 특히 상체가 붓는 현상으로 이번 실험을 통해 우주복이나 헬멧을 설계하는데 도움을 줄 수 있을 거랍니다.

◎ 우주 실험 내용 ◎

1) 우주선 탑재 식물 발아 생장 및 변이 관찰 실험
2) 우주 공간에서 사용할 소형 생물 배양기 개발
3) 우주 공간에서의 초파리를 이용한 중력 반응 및 노화 유전자의 탐색
4) 미세 중력이 안구압에 미치는 영향 및 우주 환경이 심장에 미치는 영향
5) 무중력 상태에서의 균일한 크기와 모양을 갖는 제올라이트 합성과 제올라이트 필름 성장
6) 무중력 상태에서의 금속 유기다공성 물질의 결정 성장
7) 한반도 관측 및 촬영
8) 극한 대기 현상 관측 망원경과 MEMS 기술 테스트
9) 국제 우주 정거장 러시아 모듈 내 소음 환경 문제 파악 및 개선
10) 우주 시대를 대비한 초고집적, 초경량 분자 메모리 소자 기술
11) 미세 중력 상태에서 소질량 물체의 무게 측정 장비 개발
12) 첨단 식품 가공 기술을 이용한 새로운 우주 식품 개발 및 실증 실험
13) 등고선 촬영 장치를 이용한 미세 중력 상태에서의 한국 우주인 얼굴(신체)의 형상 변화에 대한 연구
14) 지구와 우주에서의 물이 어는 과정 및 물의 현상 비교 실험
15) 지구와 우주에서의 회전 운동 및 뉴턴 법칙 등의 비교 실험
16) 지구와 우주에서의 표면 장력 차이점 비교 실험
17) 지구와 우주에서의 펜이 써지는 차이점을 통한 중력의 영향 비교 실험
18) 지구와 우주에서의 식물 생장 비교 실험 등을 하고 돌아왔답니다.

만큼 이번 실험은 상당히 중요했다고 할 수 있겠지요. 우주 강국이 되기 위한 우주 과학 실험은 앞으로도 쭉 이어진다고 하니, 우주를 향한 여러분의 꿈을 계속 키워 나가면 좋겠어요.

우주선에선 정말 모든 것이 둥둥 떠다니나요?

그래요. 둥둥 떠다닌답니다. 아마 여러분도 우주에서 가장 흥미로운 것이 '떠다니는 것'이라고 상상하고 있을 거예요. 무중력은 정말 재미있어요. 손가락 하나로 벽을 밀기만 해도 내 몸이 이쪽에서 저쪽으로 밀리고, 모든 물체가 손가락 끝 하나로 움직이지요.

그런데 무중력에선 쉽게 다칠 수가 있다고 해요. 특히 무중력에 적응이 잘 안 된 사람의 경우, 힘 조절에 대한 감각이 없기 때문이지요.

예컨대 살짝 밀어도 될 것을 너무 세게 밀면 반대편 벽으로 너무 빠

○ 〈국제 우주 정거장(ISS) 내부 무중력 상태의 조종사들〉

무중력이란 중력이 없는 상태를 말해요. 중력은 질량이 있는 물체만 있으면 어디서든 생기는데 정확히 말하자면 우주에는 중력이 없는 것이 아니라 무게감을 느끼지 못하는 것이랍니다.

그래서 사실 무중력 상태라기보다 무중량 상태가 바른 표현이지만 무중량이란 말이 낯설기 때문에 무중력이란 말이 그냥 쓰이고 있는 것이에요.

○ 〈무중력 상태의 머리카락〉

르게 이동해서 벽에 부딪히고 말지요. 지구에서야 발을 사용해 멈추거나 방향을 바꿀 수 있다지만, 무중력에선 손에 닿는 고정된 물체가 없으면 계속 이동할 수밖에 없으니 늘 조심해야 해요.

그리고 우주선에선 눕거나 엎드린다는 개념이 없어요. 그래서 침대란 게 필요가 없답니다. 우주인은 어디서나, 어떠한 방향으로든 잘 수 있어요. 그러나 잘못하면 둥둥 떠다니면서 자다가 다칠 우려도 있답니다. 그러니 몸을 고정하고 자는 수밖에 없다고 해요. 간단히 생각하자면 홑겹으로 된 침낭 속에 들어가 벽이나 천장에 그 침낭을 고정해 놓고 자는 것을 연상하면 될 거예요. 때론 침낭을 사용하지 않고 그냥 자신을 한 곳에 묶어 놓고 자기도 한답니다.

우주에서는 어떤 옷을 입나요?

일반적으로 여행을 갈 때 여러분은 무슨 옷을 입지요? 물론 어디를 가느냐에 따라 다르겠지만 보통 편한 옷을 입게 돼요. 멋을 내기 위해 때로는 색상이 강렬한 점퍼 차림에 모자까지 차려입지만 우주에 갈 때는 그럴 수가 없어요.

먼저, 우주복에는 크게 세 종류가 있어요. 우주선 내에서 작업할 때 입는 작업복, 우주선 발사 시 입는 선내 우주복, 그리고 마지막으로 우주 유영을 할 때 입는 흰색의 선외 우주복이지요.

그러면 우주선 발사 시 입는 우주복을 한번 살펴볼까요? 우주복은 팬티부터 달라요. 특수 제작된 팬티부터 착용해야 하거든요. 그 다음에 내복과 긴 양말을 신고, 우리가 흔히 보는 우주복과 장화를 착용하게 돼요.

이 우주복에는 압력 장치가 되어 있어 우주인들이 직접 입는 것이 아니라 전문 기술자들이 입혀 준답니다.

이 우주복은 두 가지 기능을 수행해요. 먼저 우주선 안의 압력이 갑자기 감소하는 사태가 발생할 경우를 대비하는 건데요. 이때 만약 우주복을 입고 있지 않다면 바로 혈액 속에 기체가 발생하게 돼요. 우주인들이 흔히 '피가 끓는다'라고 표현을 하는 이런 상황이 발생하면 죽을 수도 있으니 아주 위험하다고 할 수 있지요. 또한 우주복은 체온을 유지하는데 중요한 역할을 해요. 이처럼 특수한 재질로 만들어진 우주복은 우주를 여행하는 데 아주 중요한 역할을 한답니다.

◐ 〈선외 우주복〉

우주복은 진공 상태의 행성 공간에서 인체를 보호하도록 만든 의복이에요. 몸에 적당한 압력과 온도를 지속적으로 제공하도록 설계되었으며 극단적 온도 변화, 가속도, 방사능으로부터 인체를 보호해요.

우주복은 몸에 적당한 압력과 온도를 지속적으로 제공하도록 설계되었으며 헬멧 착용 시에도 통신이나 식사를 할 수 있답니다.

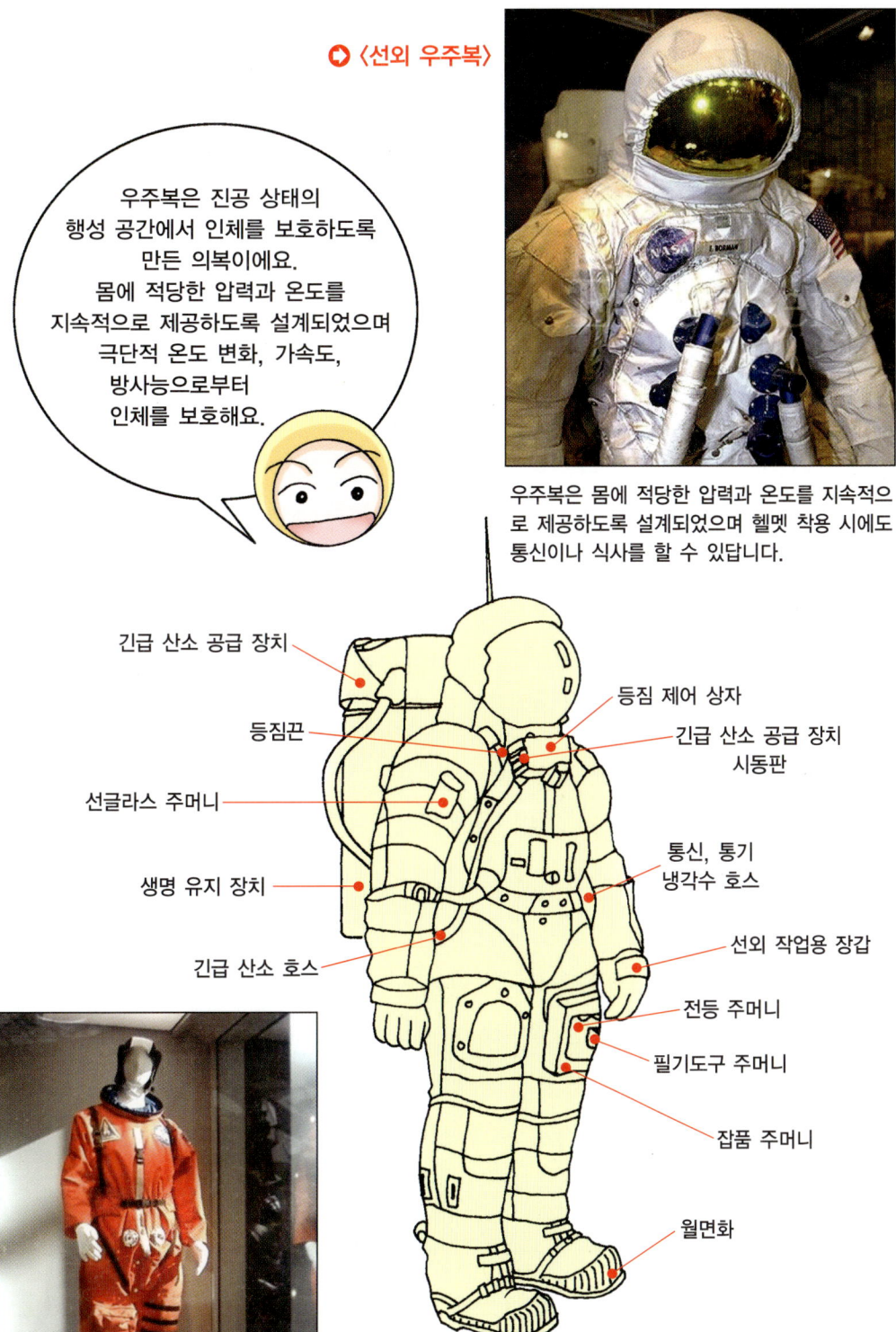

- 긴급 산소 공급 장치
- 등짐끈
- 선글라스 주머니
- 생명 유지 장치
- 긴급 산소 호스
- 등짐 제어 상자
- 긴급 산소 공급 장치 시동판
- 통신, 통기 냉각수 호스
- 선외 작업용 장갑
- 전등 주머니
- 필기도구 주머니
- 잡품 주머니
- 월면화

◑ 〈선내 우주복〉

201

우주선은 어디서 발사되나요?

우주선은 우주 센터에서 발사되는데 소유스호나 우주 왕복선을 쏘아 올리려면 일반 공터에서는 어림도 없는 일이죠.

우주선은 넓은 공터가 있다고 해서 아무 데서나 발사할 수 있는 것이 아니에요. 발사 장소는 두 가지 조건을 만족하는 곳이어야 하지요.

먼저 안전을 위해 인근에 넓은 바다가 있어야 해요. 로켓이 사람들 머리 위를 날아다니면 그리 안전해 보이지 않겠지요? 게다가 우주선을 쏘아 올릴 때 사용되는 연료를 다 쓰면 연료 탱크를 우주선에서 분리하는데, 낙하산을 타고 내려오는 이 연료 탱크가 지상에 떨어지면 산산조각이 나기 때문에 다시 사용할 수 없어요. 그래서 재활용을 위해서라도 연료 탱크를 바다에 떨어뜨리는 것이죠.

둘째로는 연료비를 절감할 수 있는 곳이어야 해요. 이는 조금이라도 적은 승차 비용을 내려는 목적이자, 물리적 측면에서예요. 지구는 동쪽으로 계속해서 도는 자전을 하지요? 이 자전 속도는 우주선이 거저 얻는 속도라고도 할 수 있어요. 특히 적도에서는 지구가 시속 1,656킬로미터로 돌기 때문에, 적도에 설치된 발사대에서 대기하고 있는 우주선은 이미 시속 1,656킬로미터 속도를 유지하며 동쪽으로 돌고 있는 셈이지요. 이는 우주 궤도에서 시속 28,000킬로미터로 나는 우주선이 지구 자전의 속도만큼을 미리 얻음으로써 상당한 연료비를 절감한다

국가	발사 기지	국가	발사 기지
대한민국	나로 우주 센터	러시아	플라세츠크, 케프시틴야르, 돔바로브스키, 스보브도니
일본	가고시마, 다네가시마	카자흐스탄	바이코누르
미국	반덴버그, 에드워드, 캘리포니아 스페이스포트, 화이트샌드, 케이프 커너버럴, 케네디 우주 센터, 월롭스 섬, 스페이스포트 플로리다, 코디악, 해상 발사장	이스라엘	팔마심
		파키스탄	손미아니
		인도	스리하리코타
		중국	주취안, 시창, 타이위안
프랑스	쿠르	호주	우메라
브라질	알칸타라	캐나다	포트 처칠

〈세계 주요 우주선 발사 기지〉

고 할 수 있는 거예요.

지금까지 우리나라에는 우주선 발사대가 없었어요. 그래서 다른 나라들을 이용해서 인공위성을 쏘아 올렸지요.

그런데 2009년 6월 11일 전남 고흥군 봉래면에 나로 우주 센터가 완공되면서 우리나라는 세계 13번째 우주 센터 보유국이 되었어요. 이는 더 이상 비싼 외화를 들여가며 외국 발사장에서 한국 위성을 발사하지 않아도 된다는 것을 의미하는 동시에 한국도 우주 선진국 대열에 들어섰다는 걸 의미한답니다.

우주 센터는 전 세계적으로 모두 12군데가 있었는데 2009년 여름, 세계에서 13번째로 우리나라에 우주 센터가 문을 열었답니다.

그동안 다른 나라 발사 기지를 빌려 쓰면서 받은 설움이란…….

우주선 발사 때 날씨가 중요한가요?

우주선 발사가 취소되는 가장 큰 이유는 번개, 바람, 비, 가시거리의 네 가지 기상 조건 때문이래요.

그럼요. 날씨야말로 발사를 결정짓는 모든 것이라고 해도 과언이 아니랍니다. 발사가 취소되는 이유 가운데 가장 큰 이유는 네 가지 기상 조건 때문이라고 해요. 번개, 바람, 비, 가시거리가 바로 그것이지요. 실제로 무인 로켓을 발사할 때 번개에 맞은 경우가 몇 번 있었다고 해요. 우주선의 추진 장치에서 나오는 배기가스가 번개를 유혹하는 안테나와도 같은 역할을 하거든요. 그래서 정밀한 예측을 통해 번개가 칠 가능성이 있을 때는 절대로 우주선을 발사하지 않는다고 한답니다. 실제로 우주선의 발사가 취소되는 확률은 70퍼센트에 이르는데, 날씨뿐 아니라 다른 많은 조건들도 충분히 만족되었을 경우에만

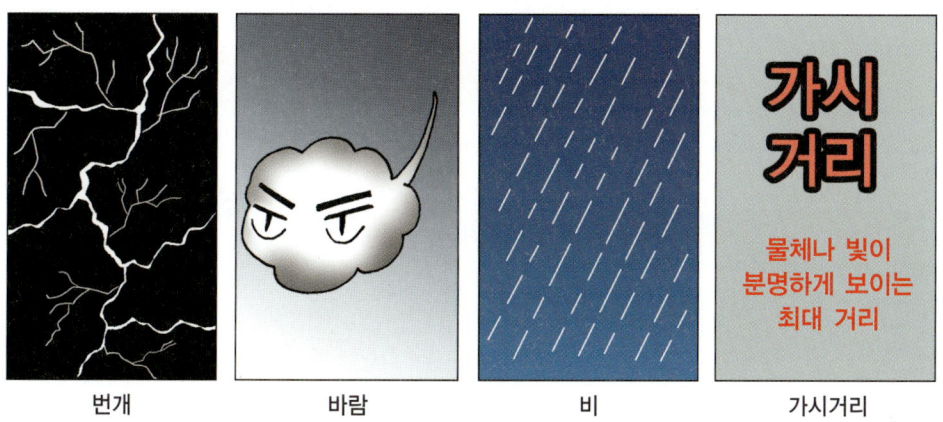

〈우주선 발사 취소 4가지 기상 조건〉

번개 　 바람 　 비 　 가시거리

발사한다고 해요. 세 번에 한 번 성공하는 꼴이지요. 그러니 우주인들은 언제 떨어질지 모르는 발사 명령을 마냥 기다려야 한답니다.

또, 우주선의 표면은 우주선이 지구로 귀환하면서 대기권을 통과할 때 섭씨 약 2,500도씨의 열을 견딜 수 있는 열 타일(heat tile)로 되어 있어요. 그런데 열에 아주 강한 이 우주선의 외부 보호막도 하나의 단점을 가지고 있어요. 이 타일은 진흙과 같은 물질로 만들어져 깨지기도 쉽지만 침식될 수도 있지요. 마치 스티로폼과도 같이 가벼운데다, 손가락으로 푹 찌르면 구멍이 날 정도로 약하답니다.

> 그래서 지난 2008년 4월에 이소연 박사가 타고 올라간 소유스호가 발사된 바이코누르 우주 기지는 넓은 사막 지대의 건조한 날씨 덕에 우주선 발사가 적합하다고 해요.

우주 정거장에서는 어떤 일을 하나요?

국제 우주 정거장(ISS)은 사람이 우주에서 반영구적으로 생활하면서 우주 실험이나 우주 관측을 할 수 있도록 지구 궤도에 건설된 대형 우주 구조물이에요.

○ 〈국제 우주 정거장(ISS)〉

지구에서 수십억 킬로미터 떨어진 화성에 가거나 다른 별들을 조사하기 위해서는 반드시 중간 보급 기지가 필요해요. 그것을 우주 정거장이라고 하지요. 현재 우주 공간에는 1998년에 시작한 국제 우주 정거장(ISS)이 건설 중이에요. 하지만 2003년에 일어난 우주 왕복선 콜롬비아호의 폭발 사고로 건설 작업이 미루어지고 있다가 아틀란티스호의 성공으로 2011년 완공을 목표로 작업이 진행되고 있지요. 이를 위해서는 우주 국제 왕복선이 지구와 우주의 건설 현장을 오가는 승무원들과 건설 장비를 40차례 이상 실어 날라야 해요.

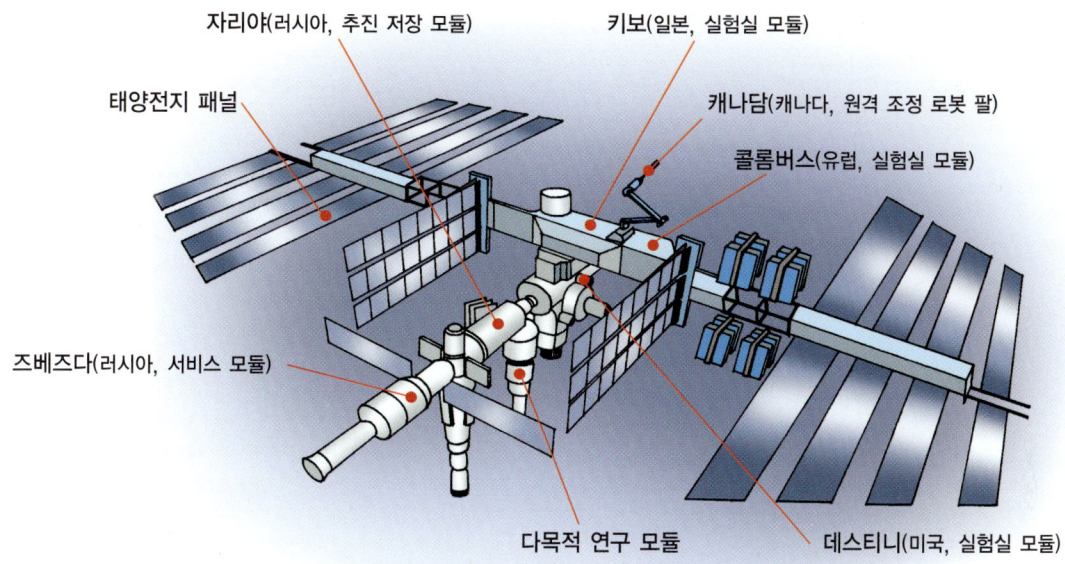

🔶 〈국제 우주 정거장(ISS)의 구조〉

　우주 정거장은 우주선의 중간 기착지이고, 또 우주인이 머물며 각종 실험과 연구를 할 수 있는 아주 중요한 곳이에요. 우주 정거장에 사는 우주인들은 90일을 기준으로 1년 혹은 6개월 정도씩 교대로 머물며 생활하고 있는데, 이들의 건강 상태도 아주 중요한 의학 자료로 이용되고 있어요. 이들은 진공이나 무중력 상태가 아닌 곳에서 평상복을 입고 생활해요. 또 우주 정거장 안에서 자급자족을 할 수 있도록 채소와 동물도 기르면서 실험을 계속하고 있지요.

　또한 지구에서는 공기층 때문에 다른 행성을 관찰하기 어렵지만 우주 정거장에서는 얼마든지 멀리 떨어진 별들을 관측할 수 있어요. 그래서 지금까지 발견되지 않은 별들을 계속 찾는 작업을 하기도 해요.

　또 이곳에는 로봇이 있어서 우주 정거장 밖으로 나가 고장 난 곳을 수리하기도 하고, 여러 가지 실험을 하는 데 많은 도움을 주기도 한답니다.

인공 위성은 우주에서 어떤 역할을 하나요?

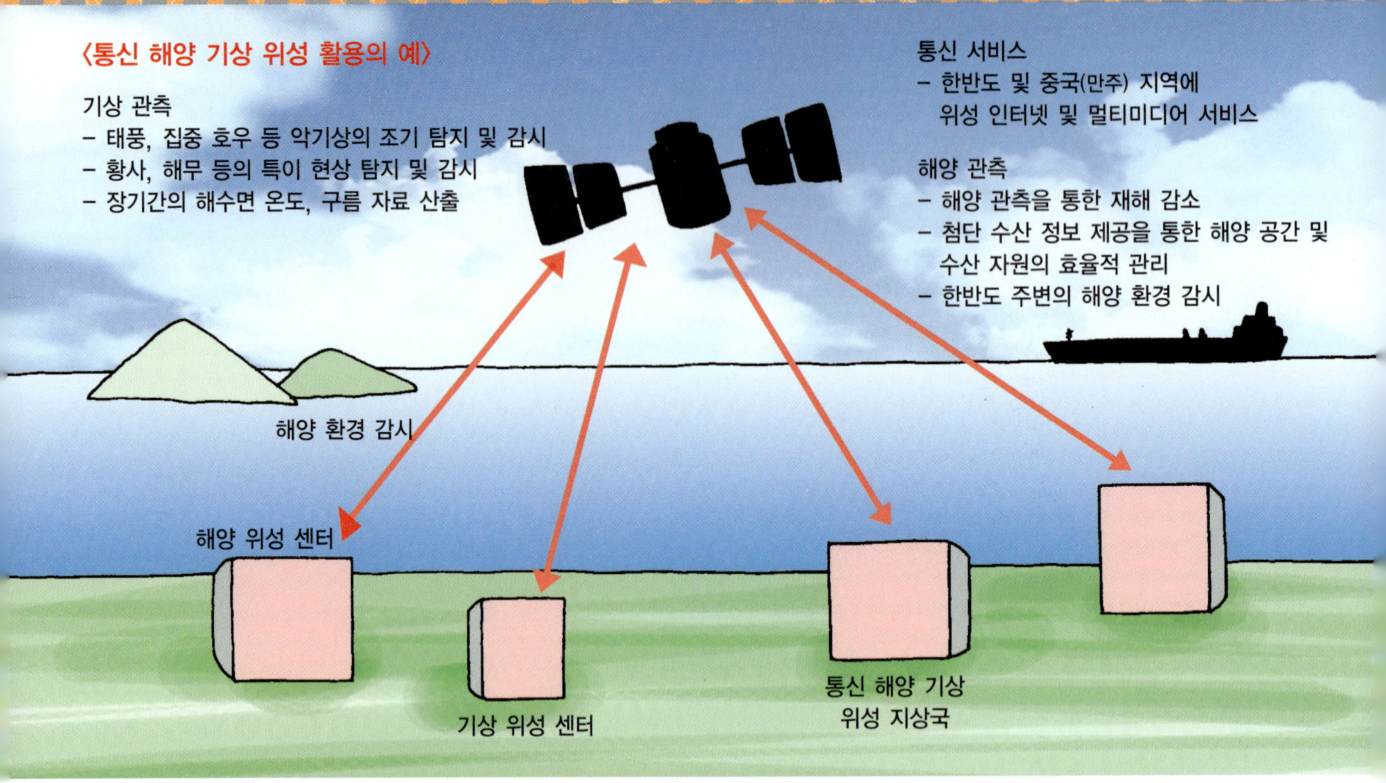

〈통신 해양 기상 위성 활용의 예〉

기상 관측
- 태풍, 집중 호우 등 악기상의 조기 탐지 및 감시
- 황사, 해무 등의 특이 현상 탐지 및 감시
- 장기간의 해수면 온도, 구름 자료 산출

통신 서비스
- 한반도 및 중국(만주) 지역에 위성 인터넷 및 멀티미디어 서비스

해양 관측
- 해양 관측을 통한 재해 감소
- 첨단 수산 정보 제공을 통한 해양 공간 및 수산 자원의 효율적 관리
- 한반도 주변의 해양 환경 감시

해양 환경 감시
해양 위성 센터
기상 위성 센터
통신 해양 기상 위성 지상국

　태양을 중심으로 지구와 그 밖의 행성들이 돌고, 지구의 둘레를 달이 돌고 있지요. 달이 지구의 주변을 도는 것은 자연스러운 일이며, 이렇게 행성 주위를 도는 천체를 '위성'이라고 해요. 사람이 여러 가지 목적으로 지구 주변의 일정한 궤도에 쏘아 올린 물체를 '인공위성'이라고 부르는 것도 바로 그 때문이에요. 인공위성은 지구의 모양을 살피기도 하고, 텔레비전의 우주 중계와 일기 예보에도 사용되는 등, 우리의 일상생활에 깊은 관계를 가지고 있어요. 따라서 인공위성은 그 목적에 따라 여러 가지 종류로 나눌 수 있답니다.

　높은 곳에서 우주를 관찰하는 '과학 위성'은 태양의 방사선, 지구의 자장, 초고층의 대기 등 여러 가지 관측을 해요. 인공위성이 처음으로 쏘아 올려졌을 즈음에는 대부분이 과학 위성이었다고 할 수 있지요. 배나 비행기의 위치를 확인해 주는 위성은 '항행 위성'이라고 해요. 인공위성은 자기가 날고 있는 위치와 시각을 정확히 계산할 수 있기 때문에 넓은 바다 한가운데에서 자기 위치를 알지 못하는 배나 구름 위를 나는 비행기에 항행 위성이 통과하면서 보내는 정해진 전파를 측정해 위치를 정확히 알려 준답니다. 전파를 중계하는 위성은 '방송 통신 위성'이라고 하는데요. 텔레비전의 전파는 그 전파를 보내는 곳과 받는 곳 사이에 산 같은 장애물이 있으면 전달되지가 않아요. 그래서 35,800킬로미터의 높은 곳에 있는 방송 통신 위성이 이 전파를 다른 곳으로 보내 주는 역할을 하게 되지요.

이때 '정지 위성'을 이용하는데, 정지 위성은 지구 주변을 도는 속도가 정확히 지구 자전 속도와 같아서, 지구에서 볼 때는 언제나 적도상 한 지점에 정지해 있는 것처럼 보인답니다. 구름의 모습 등을 찍어 보내 주는 '기상 위성'은 구름의 이동 상태나 모양을 낮에는 물론 밤에도 찍을 수 있기 때문에 기상을 정확히 예측해내는 역할을 한답니다.

〈여러 목적의 인공위성들〉

↑ 원격 탐사 위성 랜드샛

↑ 과학 위성 1호

↑ 통신 위성 인텔샛

↑ 다목적 실용 위성 아리랑 2호

인공 달을 만들 수도 있나요?

뭐, 뭐지?
달 옆에 더 크고 밝은 저것은……
혹시 UFO……?!

　러시아의 우주 기지에서 발사된 한 우주선이 궤도에 오르자 우주선의 문이 열리고 이어서 거대한 금속판이 밖으로 나왔어요.
　잠시 후 금속판이 태양과 지구 사이에 적당한 각도를 유지하도록 조종됐고 이윽고 태양 빛이 금속판에 반사되어 지구를 서서히 비추기 시작했답니다.
　이 금속판의 정체가 바로 인공 달이에요. 일정한 궤도상에 떠서 태양 빛을 반사해 지구를 밝히는 거예요. 인공 달은 낮에는 마치 빛이 번쩍거리는 것처럼 보이고 밤에는 2개의 달이 떠 있는 것처럼 보이는

것이지요. 인공 달의 밝기는 진짜 달보다 무려 100배나 더 밝아서 일부 지역에서는 밤이 돼도 마치 대낮처럼 환해질 거라고 해요.

이러한 인공 달 실험은 1993년 러시아에서 이루어졌어요. 표면을 거울처럼 처리한 인공위성 '즈남야'의 발사로 태양 빛을 반사하여 지상으로 빛을 비추는 데 성공했지요. 만약 인공 달 계획이 성공할 경우 제2, 제3의 인공 달을 우주선을 통해 쏘아 올려 지름 200미터의 거대한 인공 달을 완성하게 된다고 해요. 이러한 인공 달을 세계 곳곳에서 띄워 지구 어느 곳에서나 인공 달을 볼 수 있게 한다는 계획이지요.

그런데 왜 인공 달을 만들려고 하냐고요? 그건 인공 달빛이 뿜어내는 에너지를 얻기 위해서예요. 인공 달을 띄우는 데 성공하면 과학 기술을 바탕으로 인공 태양 개발에도 한걸음 다가설 수 있기 때문이지요. 하지만 이 계획은 다른 나라의 과학자들로부터 많은 반대를 받고 있다고 해요. 인공 달 때문에 지구의 환경이 바뀌어 생태계의 질서가 무너질 수도 있고, 또 자연의 법칙에 어긋나는 일이라는 게 반대의 이유예요. 여러 가지 문제점을 극복하고 미래에 인공 달을 만들게 될지 아닐지를 지켜보는 것은 여러분의 몫이랍니다.

화성을 제2의 지구로 만들 수 있나요?

　1998년 봄, 전 세계 사람들의 이목을 집중시킨 사건이 있었어요. 바로 '소저너'라는 미국의 우주 탐사선이 화성에 무사히 착륙해서 그곳에서 얻은 생생한 자료와 정보를 컬러 사진과 함께 보내온 것이랍니다. 조사 결과 생명체는 없는 것으로 밝혀졌지만 화성에 대한 보다 정확한 정보를 얻게 되었어요. 이 탐사의 성공으로 얻은 경험과 정보를 바탕으로 다음에는 사람이 직접 화성 탐사에 나서게 된다고 해요.

　인간이 화성에 착륙할 수 있는 시기는 2017년쯤이 될 것으로 보여요. 그리고 그로부터 20여 년이 지난 2044년에는 인간이 거주하는 시설을 화성에 마련하여 여러 가지 연구와 특수 금속 채취를 하려고 계획 중이랍니다.

＊화성이 붉게 보이는 이유는 전체 표면의 70% 이상이 적갈색의 물질로 덮여 있기 때문이며, 대기가 1% 정도로 희박하기 때문에 표면의 붉은색이 그대로 보이는 것이에요.

지구와 가까운 행성은 금성과 화성인데 금성의 대기는 지구의 100배 정도로 뜨겁고 화성의 대기는 1% 정도이며 지하에 만년 빙하 등이 있어 물이 흐르기 때문에 제2의 지구가 만들어질 수 있다고 믿고 있어요.

◐ 〈화성의 표면〉

○ 〈화성의 폴리곤 지형〉

화성을 지구처럼 만들기는 쉽지 않겠지만 역시 먼 미래에는 가능할지도 몰라요.

○ 〈물이 있었을 거라는 가상도〉

이 지형들은 지구에서도 얼음을 많이 포함한 영구 동토에서 쉽게 발견되므로 많은 과학자들은 화성의 사막 밑에도 물이 숨어 있을 가능성에 주목하고 있어요.

우주에는 수천 수만 개의 별이 있다지만 거리가 너무 멀어 현재로서는 탐사가 불가능해요. 그런데 화성은 지구와 비교적 가깝고 환경도 비슷한 편이어서 첨단 과학을 이용하면 1,000년 안에 사람이 살 수 있게 될 것으로 보여요. 이런 희망을 갖고 사람들은 연구를 계속하고 있어요.

현재 화성의 대기는 지구의 약 100분의 1로 공기가 무척 희박하고 대부분은 이산화탄소로 되어 있어요. 물은 거의 없으며 밤에는 온도가 영하 100도씨까지 내려가고 대낮에도 영하 20도씨 정도라고 해요. 게다가 오존층이나 자기권이 없기 때문에 사람에게 가장 위험한 자외선이 사정없이 지표로 쏟아져 내리기도 한답니다. 이러한 환경에서는 도저히 사람이 살아갈 수가 없어요. 그래서 화성을 지구처럼 물과 공기를 가진 따뜻한 행성으로 만들어 사람이 사는 제2의 지구를 만들기 위해, '화성 1,000년 지구화 계획'을 추진하고 있어요. 2010년부터 본격적으로 시작해 2020년쯤에 화성 제2의 지구화 작업에 착수한다고 하니까 계속 관심을 갖고 지켜봐야겠어요.

비행기는 왜 우주에 못 가나요?

지금의 비행기에 쓰이는 엔진은 궤도 속도를 낼 수 없어 공기가 없는 곳에서는 사용할 수 없어요.

그래서 훨씬 빠른 속도를 얻을 수 있는 로켓 엔진을 사용해야 우주에 갈 수 있답니다.

우리 임무는 여기까지!

보조 추진 로켓

비행기는 혼자 날아오르는 게 가능하지만 우주 공간에 나가는 우주선은 보조 추진 로켓의 힘을 빌려야만 한답니다.

＊궤도 속도 : 어떤 물체가 땅으로 떨어지지 않고 계속 운동하게 해 주는 속도를 말해요. 지구와 같은 중력에서는 1초에 8km를 가야 물체가 떨어지지 않는답니다.

  비행기가 발명된 지도 벌써 100년이 넘었어요. 그동안 비행기를 만드는 기술이 점점 발달해서 요즘에는 소리보다 일곱 배나 빠른 마하 7의 속도로 날아가는 비행기도 개발되었지요. 하지만 이 정도로는 우주 공간에 나갈 수가 없어요.

  우주 공간으로 나가려면 지구의 중력을 이겨 낼 수 있을 만큼 빠른 속도로 날아야 하는데, 그 속도가 대략 2만 8,000킬로미터 정도예요.

하지만 현재의 비행기는 그 정도의 속도를 낼 수도 없고, 비행기에 쓰이는 엔진들은 이렇게 빠른 속도를 내지 못해요. 그래서 비행기들은 우주 공간으로 나갈 수가 없지요.

우주 공간으로 나가려면 비행기가 아닌 로켓의 원리를 이용해야 해요. 로켓과 비행기는 생김새부터가 달라요. 비행기는 날개가 있지만 로켓은 날개가 없지요.

비행기에 날개가 있는 것은 비행기가 날개 위와 아래에 작용하는 공기의 압력이 다른 점을 이용해서 날기 때문인데요. 로켓은 공기가 없는 우주 공간을 나는 것이기 때문에 날개를 이용할 수가 없어요. 대신 로켓은 연료를 태우고, 그 힘으로 물질들을 뒤로 내뿜어 앞으로 나아가는 것이지요.

예를 들어 풍선을 크게 불고 나서 묶지 않고 그냥 손을 놓아 보세요. 그러면 풍선이 앞으로 날아가는 걸 볼 수 있을 거예요.

그건 풍선에서 공기가 빠져나가면서 그만큼 풍선을 반대로 밀기 때문인데요.

로켓이 날아가는 원리도 이와 똑같아요. 물론 아주 빠른 속도로 날아야 하기 때문에 좀 특수한 연료를 사용하게 되는 것이지요. 이제 로켓으로는 우주여행이 되지만 비행기로는 안 되는 이유, 잘 아셨죠?

우주여행을 가장 먼저 한 생물은 무엇인가요?

지금도 사람이 우주여행을 한다는 건 매우 위험한 일이에요. 그러니 옛날에는 더더욱 사람이 우주에 가긴 힘들었을 거예요.

다시 지구로 돌아온다는 건 불가능……!

우주여행을 가장 먼저 한 생물은 무엇일까요? 아마도 대부분 "사람."이라고 대답하겠죠?

하지만 틀렸어요. 우주여행을 가장 먼저 한 생물은 사람이 아니라 '라이카' 라는 이름의 개랍니다. 이 개가 옛 소련의 스푸트니크 2호를 타고 가장 먼저 우주로 나갔어요. 가가린이 우주 비행을 성공하기 3년 반 전인 1957년 11월 3일에 말이지요.

우주로 발사할 인공위성을 만들었다고 해서, 그 안에 바로 사람이 탈 수는 없었어요. 그러기에는 너무도 많은 걸림돌이 있었지요. 무인 인공위성은 반드시 지구로 돌아오지 않아도 되지만 사람이 타고 있다면 반드시 지구로 무사히 돌아와야겠지요?

우주선을 지구로 안전하게 돌아오게 하는 기술은 지구 밖으로 쏘아 올리는 기술만큼이나 어려워요. 우선 움직이던 방향을 바꾸어서 지구 쪽으로 오려면 추진력이 필요해요. 그리고 지구의 대기권에 진입하는 각도가 조금만 어긋나도 대기권 밖으로 튕겨 나가 버리거나, 대기권을 통과하면서 공기와의 마찰 때문에 우주선이 타 버리지요. 유성이 대기권을 통과하면서 타 버리는 것처럼요.

이 기술이 해결된다고 해도 아직 문제는 많이 남아 있어요. 우주선

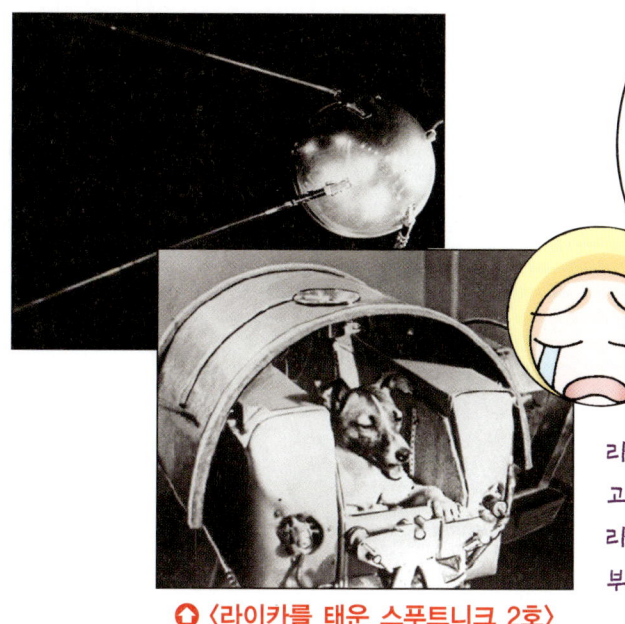

스푸트니크 2호의 목적은 우주에서의 생명체 반응이었어요. 하지만 스푸트니크에 타고 있던 라이카는 발사된 지 5~7시간 안에 온도 조절 장치의 고장으로 죽음을 맞이했다고 해요.

라이카의 우주복은 우주선 본체에 고정되어 움직일 수 없었으며 라이카의 몸에는 각종 신호 장치가 부착되어 있었어요.

❍ 〈라이카를 태운 스푸트니크 2호〉
1957년 11월 3일 발사

은 엄청나게 빠른 속도로 발사되기 때문에 우주선 안의 물체들도 엄청난 힘을 받게 돼요. 그래서 이 힘으로부터 우주 비행사를 보호하는 여러 가지 장치가 필요하지요. 물론 우주 비행사도 신체를 단련해야 하지만요. 이렇듯 우주선에 사람 하나 태우는 것은 우주 과학 기술을 한 단계 더 끌어올려야만 가능한 일이었답니다.

때문에 처음부터 사람을 태워 안전성을 실험할 수는 없었어요. 그래서 과학자들은 사람 대신 여러 동물들을 우주선 안에 태워 실험을 했던 거예요.

미국 과학자들은 실험동물로 원숭이를 골랐고요. 옛 소련의 과학자들은 개를 골랐어요. 그리고 프랑스 과학자들은 헥토르라는 이름의 흰 쥐와 펠리세트라는 이름의 새끼 고양이를 골랐지요. 물론 이 중에서 가장 먼저 우주를 구경한 동물은, 앞에서 설명한 대로 옛 소련의 개 '라이카'였답니다.

099 우주에도 소유권이 있나요?

<스타워즈>나 <스타트랙>과 같은 우주 공상 과학 영화들을 보면 우주에서도 자신의 땅을 지키기 위해 전쟁을 벌이게 되는데요. 먼 훗날 영화처럼 제국이 실제로 존재하게 되기 전까지 우주는 기본적으로 우리 모두의 공동 소유라고 할 수 있어요.

1967년 체결된 유엔(UN) 우주 공간 평화 이용 조약은 우주와 달과 그 밖의 천체를 평화적으로 탐사하고 이용하는데 따르는 지침을 제시하고 있답니다. 이 조약에 따르면 우주는 모두의 소유이며, 모든 국가가 그것을 탐사하고 이용할 수 있다는 개념을 담고 있어요.

이 내용에 대해 2003년까지 전 세계의 98개의 나라들이 이 조약에 동의했지요.

우주가 국제 문제에서 최대 관심사로 떠오른 것은 미국에서 시작된 우주 미사일 방어 계획 때문이었어요. 1983년 당시는 냉전 시대로 미국과 옛 소련은 사이가 아주 나빴고, 각국에서는 무기를 개발하는 데 많은 돈을 투자했지요. 그런 시기에 미국에서는 우주에 방어 시스템을 설치해서 날아오는 미사일을 파괴할 계획을 세웠는데요. 전략 방위 구상으로 알려진 이 계획은 일명 '스타

1969년 7월 21일 미국의 우주인 닐 암스트롱과 에드윈 버즈 올드린이 달에 첫 발자국을 찍었다고 달이 미국 땅이 될 수 있을까요?

그렇지 않아요. 지구의 남극 또한 현재 어떠한 나라도 소유할 수 없는 곳으로 정해져 있어요. 모두 평화적으로 남극을 이용하는 것이지요.

우주법에 따르면 인공위성을 쏠 자리도 국제통신연맹에 신청서를 제출하고 자리를 배정받아야 한대요.

워즈'라고 불리기까지 했어요. 이런 상황에서 옛 소련도 자극을 받아 대응책을 추진하게 됐고, 상황은 계속해서 좋지 않은 방향으로 흘러가게 됐던 거예요.

이런 상황을 더 이상 지켜볼 수 없었던 많은 과학자들은 우주를 '비무장 지대'로 남겨 두어야 한다는 생각을 하게 되었지요. 이것을 많은 나라들도 옳다고 생각했고, 결국 1967년에 이르러 우주는 모두의 소유임을 인정한 UN 외부 우주 공간 조약이 나오게 된 것이랍니다.

우주 공간에도 쓰레기가 있나요?

2001년 3월 14일, 건설 중이던 길이 52미터, 무게 115톤인 국제 우주 정거장(ISS)이 갑자기 궤도를 수정했어요. 우주 공간을 떠다니던 길이 15센티미터, 무게 7킬로그램의 작은 공구 하나 때문이었죠.

우주 공간에 떠 있는 쓰레기들은 모두 초속 7.9킬로미터 이상의 빠른 속도로 떠다녀, 아무리 작은 것이라도 우주 정거장과 충돌하면 우주선에 구멍이 날 수도 있어요. 우주 공간은 진공이기 때문에, 우주 정거장 안에 있는 공기가 구멍을 통해 빠른 속도로 빠져나가면, 우주 정거장 안의 기압이 떨어져서 그 안에 있는 사람들이 목숨을 잃을 수도 있어요.

지구 주변의 우주 공간에는 지름이 10센티미터가 넘는 우주 쓰레기가 약 1만 5,000개, 지름이 1~10센티미터인 것은 약 1만 8,000개, 그리고 1센티미터가 채 안 되는 것은 350만 개 이상 있다니 정말 엄청나

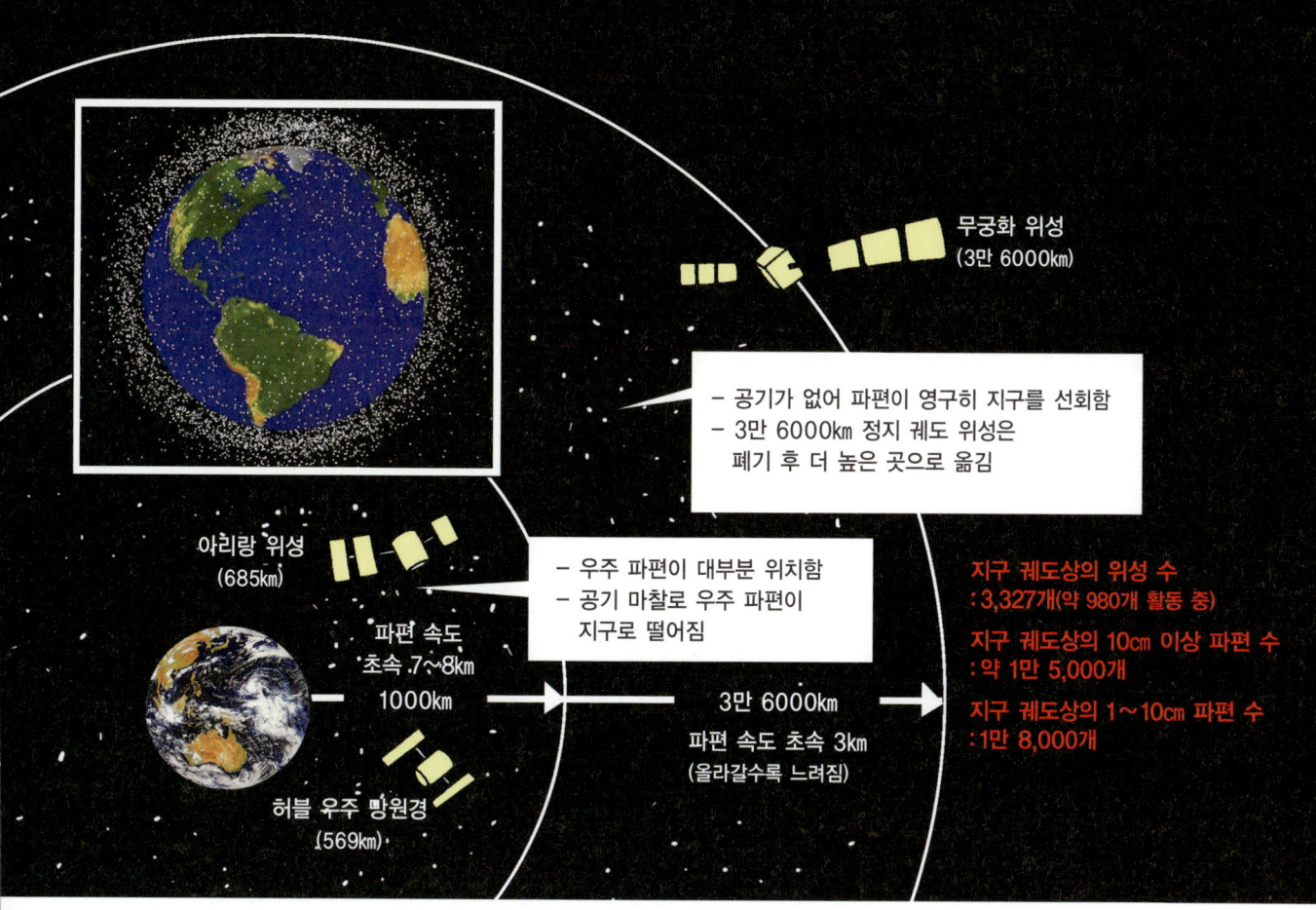

지요? 이 중 작은 것들은 대부분 인공위성을 우주에 발사하면서 생긴 찌꺼기들이고, 큰 것은 정지 궤도에 있다가 수명이 다한 인공위성들이에요.

정지 궤도 위성들이 아무 데나 버려져 있으면 위험해요. 게다가 정지 궤도는 모두 적도 상공에 있으니, 인공위성을 쏘아 올릴 자리도 모자라게 되고요. 그래서 수명이 다한 정지 궤도 위성들은, 궤도의 특정한 몇몇 곳에만 버리게 되어 있어요.

정지 궤도 위성을 버릴 수 있는 자리를 국제통신연맹에서 배정한다고 하는데, 우리나라도 세 곳 정도 배정받았다고 해요. 우주에 나가면 정지 궤도에 위성들의 무덤이 있고, 그곳에 많은 위성들이 버려져 있다고 한답니다.